ALISON RATTLE
ALLISON VALE
Achtung, Sie haben
das Ende Ihrer Jugend erreicht

W0041433

Buch

Haben Sie auch manchmal das Gefühl, dass Ihre Freunde alle ganz fürchterlich erwachsen und langweilig werden? Ertappen Sie sich dabei, dass Sie sagen: 40 ist das neue 20? Ist Ihre Garderobe voll im Trend – zum zweiten Mal, seit Sie sie angeschafft haben? Ist Ihr neuer Zahnarzt jünger als Sie selbst? Entwickeln Sie plötzlich einen Sinn für schöne Tapetenmuster, und teilen Sie dies auch Ihren Mitmenschen mit? Dann sehen Sie der Tatsache ins Auge: Ihre Jugend ist ein für alle Mal vorbei, Sie werden ab sofort ALT! In welchem Stadium des Leugnens Sie sich auch immer befinden: Jetzt haben Sie ein ganzes Bündel Kriterien an der Hand, mit deren Hilfe Sie zweifelsfrei feststellen können, wie erwachsen und langweilig Sie selbst schon geworden sind.

Autorinnen

Alison Rattle und Allison Vale haben in Großbritannien bereits mehrere gewitzte Geschenkbücher auf die Bestsellerlisten gebracht. Dies ist ihr erstes gemeinsames Buch, das auf Deutsch erscheint.

Alison Rattle
Allison Vale

Achtung,
Sie haben das Ende
Ihrer Jugend erreicht

Illustrationen von Louise Morgan

Deutsch von Christoph Göhler

blanvalet

Die Originalausgabe erschien 2010 unter dem Titel
»You Know You're Middle-Aged When …«
bei Michael O'Mara Books Limited, London.

Verlagsgruppe Random House FSC-DEU-0100
Das für dieses Buch verwendete FSC-zertifizierte Papier
Holmen Book Cream liefert Holmen Paper, Hallstavik, Schweden.

1. Auflage
Deutsche Erstausgabe April 2012
bei Blanvalet Verlag, München,
einem Unternehmen der Verlagsgruppe Random House GmbH
Copyright © der deutschsprachigen Ausgabe 2012
by Verlagsgruppe Random House GmbH, München
Copyright © der Originalausgabe 2010
by Michael O'Mara Books Limited, London
Umschlaggestaltung: Johannes Wiebel | punchdesign, München
Umschlagmotiv: © Illustration Johannes Wiebel | punchdesign,
München
wr · Herstellung: sam
Satz: Vornehm Mediengestaltung GmbH, München
Druck und Einband: GGP Media GmbH, Pößneck
Printed in Germany
ISBN: 978-3-442-37782-4

www.blanvalet.de

Für Martyn, Jason und Anny,
die inzwischen alle mehr oder weniger
erwachsen geworden sind. Viel Spaß!
R.

Und für Colin,
der sich längst mit dem gebotenen Missmut
ins Erwachsensein gefügt hat.
V.

Inhalt

Zum allerletzten Mal –
sehen Sie dem Alter ins Auge!

Einleitung

Wenn Sie dieses Buch lesen, haben Sie höchstwahrscheinlich bemerkt, dass Ihre Einstellungen und Ihr Verhalten sich in den letzten Jahren auf erschreckende Weise verändert haben. Nicht so, dass es auffällig wäre; es gibt keine plötzlich auftretenden Symptome und auch keine grundlegende Transformation. Es beschleicht Sie einfach der nagende Verdacht, dass Sie nicht mehr der Mensch sind, der Sie vor fünf Jahren waren.

Wenn Sie die letzten Jahre Revue passieren lassen, können Sie möglicherweise sogar exakt bestimmen, wann dieser beunruhigende Wandel eingesetzt hat. Vielleicht war es der Tag, als Sie aus heiterem Himmel einen Tennisschläger kauften oder als Sie entdeckten, dass es auf der Autobahn auch eine rechte Fahrspur gibt. Oder als Sie zum ersten Mal behauptet haben, Sie müssten zu Hause noch ein paar Akten abarbeiten, nur damit Sie sich in Ruhe eine DVD reinziehen konnten. Oder war es der Moment, als Ihnen das Pickelgesicht im Supermarkt die Tür aufgehalten hat? Als Sie sich in eine wirklich solide Regenjacke verliebt haben? Als Sie Ihr erstes graues Haar entdeckten?

Einen richtig hübschen Teppich gekauft haben? Oder war es der Augenblick, in dem die unheilverheißenden Worte über Ihre Lippen kamen: »Ich vertrage einfach nicht mehr so viel wie früher«?

Okay, jetzt atmen Sie erst mal tief durch. Es gibt gute und schlechte Nachrichten für Sie. Die schlechte Nachricht ist: Sie befinden sich möglicherweise in einem Frühstadium des Erwachsenseins. Die gute Nachricht ist: Sie müssen nicht mehr bis zum Morgengrauen durchfeiern oder mitten in der Nacht bei McDonald's einfallen, in Badebekleidung sexy aussehen, das neueste Facebook-Layout kapieren, mit dem Rucksack durch ferne Lande reisen oder irgendwas von Musik verstehen. Man erlaubt Ihnen – nein, man *erwartet* von Ihnen –, dass Sie Ihren Kindern peinlich sind, ein Faible für Barockopern entwickeln, ein skurriles Hobby pflegen, in bequemen, ausgebeulten Klamotten herumschlurfen und sich über »die Jugend von heute« auslassen.

Das ist doch positiv, oder? *Oder?*

Also entspannen Sie sich, und genießen Sie diese befreiende Phase Ihres Lebens in vollen Zügen. Stürzen Sie sich kopfüber in die Midlife-Crisis, genießen Sie Ihr neues Anrecht auf ein unverrückbares Weltbild, und trösten Sie sich mit dem Wissen, dass Sie vielleicht zu alt sind für die aktuelle Mode, aber immer noch zu jung für die dritten Zähne.

Wie ein sehr weiser und hundertprozentig durch und durch erwachsener Mensch einst bemerkte: Vierzig ist das neue Dreißig.

Die dämonische Drei:
Dreißig Warnzeichen für das Ende
der Jugend

1. Sie verschwinden vor der Zugabe aus dem Konzert, weil Sie »vor dem ganzen Pulk aus der Tiefgarage kommen« wollen.
2. Sie beginnen, sich seltsame Dinge zu kaufen wie Nasenhaarschneider oder Tupperware in allen Größen und Formen.
3. Sie leihen sich von einem Freund den *Manufactum*-Katalog, weil Ihnen plötzlich aufgeht, wie praktisch und ästhetisch zugleich eine handbetriebene Edelstahl-Nudelmaschine oder ein ergonomisch geformter Spaten ist.
4. Sie besitzen einen Rasenmäher. Und wahrscheinlich die dazu passende Rasenmäher-Abdeckplane.
5. Sie haben stets genug Milch im Kühlschrank und eine Ersatzflasche kalt gepresstes Olivenöl in der Speisekammer.
6. Sie sitzen in einem Straßencafé und bewundern das harmonische Blumenarrangement im Pflanzentrog.

7. Sie sagen Sätze wie: »Die Tapete ist aber auch wirklich wunderschön.«
8. Sie besitzen einen Geräteschuppen.
9. Sie verbringen das Wochenende damit, Ihren Geräteschuppen aufzuräumen, und laden anschließend Ihre Freunde ein, damit sie Ihr Werk begutachten.
10. Bevor Sie abends ausgehen, überlegen Sie, wo Sie Ihr Auto parken sollten.
11. Sie zappen auf der Suche nach hirnloser Unterhaltung durch die Kanäle und bleiben bei einem unerwartet interessanten Dokumentarfilm über das Liebesleben der heimischen Käfer hängen.

12. Sie werfen Ihre alten Schuhe nicht mehr weg, sondern behalten sie, um sie bei der Gartenarbeit aufzutragen.

13. Sie wechseln wöchentlich die Bettwäsche und verweigern Ihrem Partner anschließend den Sex, weil Sie das Laken nicht gleich wieder versauen wollen.

14. Sie begraben Ihren Traum, Profifußballer zu werden, und träumen fortan davon, einen Sohn zu bekommen, der später Profifußballer wird.

15. Wenn Sie Zeitung lesen, werfen Sie unweigerlich einen Blick auf die Aktienkurse.

16. Den neuesten Promi-Klatsch zu lesen, strengt Sie so an, dass Sie abends lieber zu Hause bleiben, als mit Ihren Freundinnen loszuziehen.

17. Sie kaufen Ihr erstes T-Shirt ohne Aufdruck.

18. Sie entwickeln eine ungeahnte Vorliebe für Restaurants mit Stoffservietten.

19. Sie rechnen nach, ob sich eine Rentenzusatzversicherung vielleicht doch lohnen könnte.

20. Sie lassen Ihren Umzug von einer professionellen Umzugsfirma statt von einem Haufen verkaterter Freunde durchführen.

21. Um elf Uhr abends befällt Sie regelmäßig eine eigenartige Bettschwere.

22. Die neueste Independent-Band klingt für Sie wie ein mittelschwerer Verkehrsunfall.

23. Man sieht Sie nicht mehr schräg an, wenn Sie einen Disneyfilm oder einen Barbie-Rucksack

kaufen, weil jeder davon ausgeht, dass Sie selbiges für Ihre Kinder besorgen.

24. Sie hören sich selbst sagen: »Was wurde eigentlich aus ...?« oder: »Damals hatten wir noch nicht so viele Fernsehprogramme.«

25. Sie verbringen endlose Abende in überfüllten Bars, wo nervige Musik aus den Lautsprechern plärrt und Ihnen für ein Schweinegeld ein Schweinefraß serviert wird, nur um sich zu beweisen, dass Sie nicht wie Ihre Eltern geworden sind.

26. Sie beginnen, sich um die Gesundheit Ihrer Eltern zu sorgen.

27. Sie bügeln Ihre Sachen.

28. Sie beklagen sich über vorlaute Jugendliche.

29. Sie kennen nur noch einen einzigen Menschen, der auf Musikfestivals geht – die Babysitterin Ihrer Kinder.

30. Sie werden sich in dem Moment schlagartig Ihrer Sterblichkeit gewahr, da die scheinbar unbezwinglichen Zwanziger mit der Erkenntnis enden, dass Sie schleunigst sesshaft werden und Kinder bekommen sollten, weil Sie sonst niemanden haben, der sich um Sie kümmert, wenn Sie alt und grau geworden sind und einen Kolostomiebeutel tragen. Außerdem können Sie nicht ewig so weitermachen, weil Sie Ihrem Körper weiß Gott was antun, wenn aus einem Bier mal wieder zehn werden, und ist Ihnen eigentlich klar, dass Sie tatsächlich fünfzig Prozent Rabatt auf das Edelstahl-Pfannenset bekommen könn-

ten, von denen jede einzelne Pfanne normalerweise ein Vermögen kostet, und einen Wok gibt es gratis dazu, und dann müssten noch die Blumenzwiebeln gesetzt werden, bevor der Boden zu hart wird ...

Ich bin jetzt offiziell erwachsen. Ich brauche keine Drogen mehr. Ich erreiche denselben Effekt, indem ich zu schnell aufstehe.

Jonathan Katz

Sie sind endgültig erwachsen geworden, wenn … für Sie die Party gelaufen ist

Können Sie sich noch an die Zeiten erinnern, als Sie die ganze Nacht durchfeiern konnten und am nächsten Abend gleich wieder auf der Piste waren, um Ihren Rausch neu zu befeuern? Als sich jeder Kater durch ein paar Stunden mehr im Bett und ein fettes Frühstück mit Döner oder Currywurst vertreiben ließ?

Klar, Sie können gegen Ihre nachlassende Feierlaune ankämpfen (bewaffnet mit mörderstarkem Kaffee und kontaktlinsenkompatiblen Augentropfen), doch früher oder später gelangen wir alle zu der Einsicht, dass nichts so schön ist, wie abends im Pyjama vor der Glotze zu lümmeln und sich alte Folgen von *Sex in the City* reinzuziehen. Wenn Sie sich in einer der folgenden Anekdoten wiedererkennen, sind womöglich auch für Sie die wilden Zeiten gelaufen.

Pyjamaparty

Niemand muss so verzweifelt gegen das Altern an-kämpfen wie unsere wild feiernden Promis. Bei Kate Moss genügte das Gerücht, sie sei nicht mehr so fei-erwütig wie früher, und schon sah sich das populäre Partygirl bemüßigt, eine Nacht exzessivster Aus-schweifungen zu planen. Zu ihrem vierunddreißigs-ten Geburtstag wollte sie eine vierunddreißigstündige Party schmeißen, eine Stunde für jedes Lebensjahr.

»Kate war fest entschlossen, das durchzuziehen«, wird eine enge Freundin zitiert. »Sie hatte Panik, dass alle meinen könnten, sie sei zu alt für so was.«

Traurigerweise ging Kates Befreiungsschlag nach hinten los. Denn schon kurz nach Mitternacht sank sie erschöpft ins Bett. Ihre Freundin ließ durch-blicken, dass Kate ordentlich »vorgeglüht« habe, bevor sie mittags das Haus verließ, und dass ihr »ziemlich schlecht war, als sie ins Bett gegangen ist. Sie ist jedenfalls nicht mehr das Partybiest, das sie früher mal war.«

> Die besten Jahre sind die, in denen du noch glaubst, dass du dich morgen früh besser fühlen wirst.
> — *Bob Hope*

Vielleicht ist es auch für Kate Moss an der Zeit, einen der zahllosen Erwachsenensprüche zu beherzigen: Trink zwischendurch immer wieder ein Glas Mine-ralwasser.

Schaumschläger

Als der englische Journalist Ian Payne mit seiner Frau, seinen beiden kleinen Kindern und einer befreundeten Familie in Portugal Urlaub machte, entschlossen sich die Frauen klugerweise, den Abend ganz entspannt bei ein, zwei Gläschen Wein auf der lauen Terrasse zu verbringen. Die Männer hingegen behaupteten, man sei »nie zu alt für eine Schaumparty«, und wollten das auch gleich unter Beweis stellen.

»Ich war noch nie auf einer Schaumparty«, erinnert sich Ian. »Irgendwie hieß es für mich: jetzt oder nie. Und dann war es so, als würdest du endlich den Haarschnitt entdecken, der dich wirklich trendig aussehen lässt, und im selben Moment begreifen, dass du zu alt dafür bist.« Davon abgesehen stellte sich dem gealterten Partylöwen bald ein ganz banales Problem: »Sollte ich die Brille lieber aufbehalten oder halb blind in den nachtschwarzen Seifenblasen herumtapsen?«

Die schockierendste Entdeckung jedoch, die Ian und sein Begleiter während ihrer ersten – und höchstwahrscheinlich letzten – Schaumparty machten, war, dass die Schaumschlägerei erst um vier Uhr morgens begann.

Wer jetzt denkt: Meine Güte, zu der Zeit bin ich schon fast wieder aufgestanden, kann sicher sein, dass er endgültig erwachsen geworden ist.

Bald in einem Club in Ihrer Nähe

Meine Freundin Carol freute sich wie ein Schnee-könig, als sie eines Tages bei einer Autofahrt eines ihrer Lieblingslieder im Radio hörte. Begeistert sang sie mit und wippte zur Musik in ihrem Sitz. Schließ-lich sah sie ihren Mann an und meinte: »Hey, weißt du noch, wie wir früher durch die Clubs gezogen sind? Das sollten wir mal wieder machen.«

Auf dem Rücksitz begann die siebzehnjährige Tochter, Würgelaute zu produzieren.

»Uärg, *ihr beide*? In Clubs gehen? Das ist nicht euer Ernst! Ihr seid viel zu alt … O Mann, das wäre so was von peinlich!«

»Komm schon«, gab Carol zurück. »Es muss ja kein Club für Teenager sein. Bestimmt gibt es auch etwas für ›die etwas reifere Jugend‹.«

»Klar doch«, krähte die Tochter. »Man nennt das Kaffeefahrt!«

Erwachsen zu sein bedeutet, zwischen zwei Verlockungen wählen zu können und sich für jene zu entscheiden, bei der man früher ins Bett kommt.

Dan Bennett

Ready to Rock?

Ab wann sollten Sie das Feuerzeug in der Tasche lassen und stattdessen mit einer gut gepflegten Playlist auf Ihrer Couch versacken? Ab wann sind Sie zu alt für Rockkonzerte?

→ Sie checken das Fernsehprogramm, bevor Sie die Tickets kaufen.

→ Sie legen sich sicherheitshalber ein halbes Stündchen hin, bevor Sie sich auf den Weg zum Konzert machen.

→ Sie stecken vorsorglich Aspirin ein.

→ Sie versuchen nicht mehr, Getränke in die Arena zu schmuggeln, und beschweren sich nicht mehr über die astronomischen Preise am Ausschank. Schlimmer noch, während Sie an Ihrem stillen Wasser nippen, geht Ihnen auf, dass Sie viel lieber ein Glas mit gut gekühltem Chardonnay genießen würden.

→ Sie erkundigen sich, ob es irgendwo einen WLAN-Zugang gibt.

→ Sie seufzen tief auf, weil das Mädchen vor Ihnen auf die Schultern ihres Freundes geklettert ist und Sie nun aufstehen müssten, um irgendwas zu sehen. Und Sie wollen *auf keinen Fall* aufstehen.

→ Sie beschränken sich auf ein einziges Bier, weil Sie mit dem Auto gekommen sind und schließlich auch wieder heimfahren müssen.

→ Sie haben sich den Anfahrtsweg aus Google Maps ausgedruckt.

→ Um halb elf denken Sie, dass die Band langsam zum Ende kommen sollte, schließlich wollen die Leute irgendwann ins Bett.

→ Sie können erst am nächsten Mittwoch wieder hören.

→ Als Sie jemanden sein Feuerzeug schwenken sehen, fragen Sie sich still, ob hier die Brandschutzbestimmungen eingehalten werden.

→ Sie hören jeden falschen Ton des Sängers heraus.

→ Die Leute starren Sie an, wenn Sie tanzen. Und eindeutig nicht bewundernd.

→ Selbst als Ihr Lieblingssong gespielt wird, rätseln Sie noch: »Warum ist der Boden eigentlich so klebrig?«

Ich hasse das meiste, was sich Rockmusik nennt, weil das im Grunde nur Alte-Leute-Scheiße ist.

Sting

Schlammbad oder Fangopackung?

»Geben« Sie sich noch Musikfestivals? Längst vergangen sind die Tage, in denen Sie verdächtigerweise drei Tage von der Schule verschwunden sind, weil Sie »ein Projekt organisieren« oder eine imaginäre Mandelentzündung auskurieren mussten, nur um danach in schlammverkrusteten Hippieklamotten wiederaufzutauchen. Juckt es Sie immer noch, die alten Gummistiefel aus dem Keller zu holen, das Familienzelt einzupacken und in Ihrem Passat zu einem der großen Sommerfestivals zu düsen?

Wenn man Michael Eavis, dem Organisator des legendären Glastonbury-Festivals, glauben darf, dann hat sich das jährliche Massenschlammbad über die Jahre hinweg in ein Stelldichein von Spießern verwandelt. Erst kürzlich beschwerte sich Eavis, dass die alternden Festivalbesucher immer sittsamer würden, weshalb er überlege, wie er jüngere, hippere Zuschauer auf sein morastiges Festivalfeld locken könne. Ihn plage die Angst, dass die gesetzten Musikliebhaber von Mitte dreißig bis Mitte vierzig, die mittlerweile das Gros der Besucher stellten, allmählich das Gesicht des Festivals veränderten. Von wegen Hippies und freie Liebe: Inzwischen, klagte Eavis, locke das Festival »unglaublich wohlerzogene und höfliche

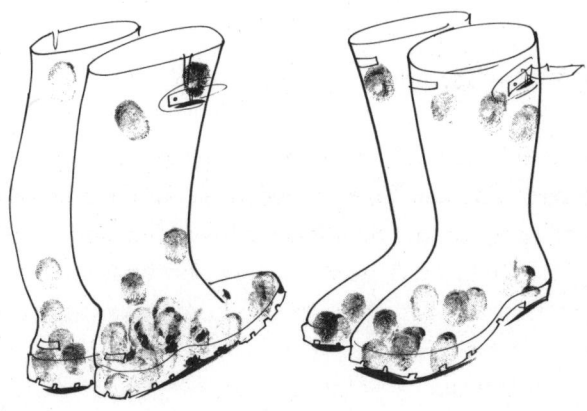

Leute an, die problemlos ihr Ticket bezahlen können und den Schlamm mit einem nachsichtigen Lächeln hinnehmen.«

In seiner Überzeugung, dass das Festival junges Blut brauche, hat Eavis sogar David Gilmour von Pink Floyd eine Absage erteilt, mit der Begründung, er sei zu alt und spreche die Zielgruppe zu wenig an.

Die *Daily Mail* äußerte ganz unverblümt, wie sie die, ähem, reiferen Besucher in Glastonbury einschätzte: »Das Festival wird inzwischen überrannt von Musikfreunden in den besten Jahren, die in langen Konvoys in ihren Familienkutschen angerollt kommen, in der verzweifelten Hoffnung, irgendwo im Bier- und Marihuananebel ihre verlorene Jugend wiederzufinden.«

Autsch.

Sie sind endgültig erwachsen geworden, wenn … Sie abends nichts mehr vor die Tür locken kann

Cocooning, das neueste Marketing-Trendwort, ist nichts weiter als ein Euphemismus für die wachsende Neigung der über Zwanzig-, Dreißig- und Vierzigjährigen, dem hektischen Nachtleben zu entfliehen und sich stattdessen in den eigenen vier Wänden zu verkriechen. Für immer mehr unter uns gilt die Gleichung: DVD + Tiefkühlpizza + Bier aus dem Kühlschrank = perfekter Abend.

Und diesem Trend folgen nicht nur wir Normalos. Immer mehr Promis gestehen, dass sie die Nase voll haben vom Koksschnupfen und Schampussaufen. Ex-Spice-Girl Mel B erklärte öffentlich: »Ich bin zu alt für die Clubszene … Ehrlich gesagt stehe ich eher auf gemeinsame Kochabende oder ein Abendessen mit Freunden …«

Unter dem Siegel der Verschwiegenheit bekommen Klatschreporter offenbart, wie sehr man das Promischaulaufen eigentlich verabscheue, das auf vielen Partys veranstaltet wird. »So als würden sich alle ge-

genseitig durch den Raum zuwinken: ›Hallo, ich bin berühmt, und du bist berühmt. Eigentlich kenne ich dich überhaupt nicht, aber ich grüße dich trotzdem‹«, beschreibt es Cheryl Cole, selbst Popstar und Jury-mitglied der englischen Ausgabe von *X-Factor*. Und auch Sängerin Katy Perry gab zu, dass ihre Oma ein aufregenderes Privatleben führe als sie selbst.

Heimkino

Sie plumpsen lieber mit einer Flasche Pinot Grigio und einer DVD in die Couchpolster, als ins Kino zu gehen? Sie können aus dem Stand zwanzig Gründe anführen, warum ein Kinobesuch nur noch nervt, angefangen von der peinigenden Parkplatzsuche über die unver-schämten Popcornpreise bis hin zu dem nervtötenden SMS-Gepiepe der Teenies in der Reihe hinter Ihnen?

Wenn ja, dann nehmen Sie sich einen Augenblick Zeit, bevor Sie wieder unter Ihre Wolldecke krabbeln und den wandbreiten Plasmafernseher anwerfen. Hier können Sie feststellen, wie stark sich die Mutation zur Couchkartoffel bereits auf Ihre Psyche auswirkt. Versuchen Sie abzuschätzen, wie Sie inzwischen auf einige dieser unvergesslichen Hollywood-Filmszenen reagieren würden:

Harry und Sally
Halten Sie neidisch und bewundernd die Luft an, wenn Meg Ryan Billy Crystal ihren Orgasmus vorspielt? Schüchtert ihre Leidenschaft Sie ein? Macht sie Sie sogar ein bisschen scharf? Oder wird Ihr Blick magisch von dem angezogen, was vor ihr steht – zweifellos eines der besten Sandwiches der Filmgeschichte?

Saturday Night Fever
Schwelgen Sie in nostalgischen Gefühlen, wenn Travolta zu *You Should Be Dancing* die Menge teilt? Oder machen Sie sich vielmehr heimlich Sorgen, dass er sich in seiner Polyesterpelle eine Pilzinfektion holen könnte?

Die Reifeprüfung
Verlieren Sie sich in erotischen Fantasien, wenn Mrs. Robinson ihr bestrumpftes Bein reckt und Dustin Hoffman als linkischer Collegeschüler die unsterblichen Worte spricht: »Mrs. Robinson, Sie versuchen doch jetzt, mich zu verführen?« Oder sind Sie zu diesem Zeitpunkt längst aufgestanden, um ein paar Simon-&-Garfunkel-Songs auf Ihren iPod zu laden?

Top Gun

Bekommen Sie immer noch feuchte Augen, wenn Goose zu *Great Balls of Fire* am Piano rockt, oder bekommen Sie stattdessen feuchte Hände und brüllen aufgeregt: »Holt den Jungen vom Klavier weg, bevor er sich noch was tut!«

Pretty Woman

Einer der Filme, die niemand vergessen kann, nicht wahr? Für die Mädels eine klassische Cinderella-Story mit dem Silberfuchs Richard Gere und endlos viel altmodischem Verführungszauber. Und für die Jungs der Traum von unbegrenztem Reichtum und der Allmacht, sich alles kaufen zu können, was Herz und Hose begehren. In diesem Fall Julia Roberts in einem mörderscharfen Outfit. Bringt Sie die *Pretty Woman*-Julia immer noch in Wallung, oder kneifen Sie lieber: Sex auf dem Klavier? Autsch! Das muss doch wehtun!

Titanic

Verstummen Sie angesichts der tragischen Ungerechtigkeit des Lebens, wenn die Unsinkbare in den eisigen Wellen versinkt und Leonardo sich mannhaft an seinem Floß festklammert – oder fragen Sie sich im Stillen, mit welcher Feuchtigkeitscreme Kate Winslet nach dem eisigen Bad wohl ihre rissigen Hände behandelt?

Ghostbusters

Atmen Sie erleichtert auf, wenn Dan Aykroyd und Bill Murray New York City ein weiteres Mal vor dem Untergang gerettet haben, oder müssen Sie bei den Tonnen von schleimigem Ektoplasma daran denken, dass der Abfluss in der Küche immer noch verstopft ist?

Warum überhaupt ausgehen?

Wahrscheinlich der ehrlichste – wenn auch nicht unbedingt der klügste – mittelalte Prominente unserer Zeit ist Homer J. Simpson, Antiheld in Matt Groenings exquisiter Cartoonserie *Die Simpsons*.

Viele von Homers profunden und profanen Erkenntnissen über das Leben, die Liebe und das Bier haben Eingang in unsere Alltagsgespräche gefunden, aber seine vielleicht scharfsinnigste Feststellung ist jene, wie unsinnig es sei, das Haus zu verlassen: »Warum ausgehen? Wir landen doch ohnehin wieder hier!«

Schlichte Vergnügungen

Frasier, die langjährige Sitcom, ist eine wahre Goldgrube an Weisheiten für alle, die sich mit den Ängsten des Älterwerdens auseinandersetzen. In der Episode »Mein Kaffee mit Niles« spricht Niles, der Bruder des

Titelhelden Frasier Crane, über die schlichten Vergnügungen, dank derer seine turbulente Ehe mit der neurotischen Maris funktioniert: »Maris und ich sind wie alte Freunde. Wir verbringen einen ganzen Tag zusammen, ich an meinem Puzzlespiel, sie an ihrer kleinen Harfe, ohne dass zwischen uns ein Wort gesprochen wird, und sind dabei absolut zufrieden.«

Sie sind endgültig erwachsen, wenn am Samstagabend das Telefon läutet und Sie hoffen, dass es nicht für Sie ist.

Ogden Nash

Sie sind endgültig erwachsen geworden, wenn … Sie sich wie ein richtiger Erwachsener benehmen

Sehen Sie sich einmal gründlich in Ihrer Wohnung um. Stehen Ihre Zimmerpflanzen voll im Saft? Liegt bei Ihnen jederzeit saubere Unterwäsche im Schrank? Müssen Sie nicht mehr blöde kichern, wenn Ihnen jemand erklärt, dass er für sein Fahrrad einen größeren Ständer benötige? Greifen Sie inzwischen zu Fairtrade-Kaffee und Biomüsli statt zu Dosenravioli und Schokomilch? Schütteln Sie heimlich den Kopf, wenn Ihre Freunde unangemeldet vor Ihrer Tür stehen, ohne eine Flasche mit halbwegs anständigem Wein mitzubringen? Oder hören Sie sich sogar die gleichen alten Floskeln abspulen, mit denen Ihre Eltern Sie einst genervt haben? Die Sie auf keinen Fall benutzen wollten? Sehen Sie Ihre Mutter oder Ihren Vater, wenn Sie morgens in den Spiegel schauen? Ist es so weit? Haben Sie sich in einen richtigen Erwachsenen verwandelt?

Rock'n'Roll im Reihenhaus

Irgendwann werden wir alle erwachsen. Selbst die wildesten Rocklegenden, die für ihren hemmungslosen Drogenkonsum und ihre nächtlichen Exzesse berüchtigt waren, ziehen sich eines Tages aus dem Nachtleben in die piefige Reihenhaussiedlung zurück.

Bobby Gillespie, Frontmann der Rockband *Primal Scream*, ist ein gutes Beispiel dafür. Früher war Gillespie bekannt für seinen ausschweifenden Lebensstil und für seine extrem aufgeschlossene Einstellung gegenüber allen Drogen – angeblich schnupfte er sogar beim Pingpongspielen Koks und forderte von seiner Plattenfirma, eine Ecstasy-Fabrik zu eröffnen. Doch irgendwann überschritt auch er die vierzig und zog mit seiner Frau und seinen zwei kleinen Kindern in die ruhigen Straßen Nordlondons. Dort schloss er erst mit dem wilden Leben ab und sich dann einer Nachbarschaftsinitiative an, die dem Pub an der Ecke die Musikerlaubnis entziehen wollte, weil das Lokal »oft bis nach Mitternacht in einer inakzeptablen Lautstärke Musik spielt«.

Gillespie – einst dafür bekannt, dass er auf Mülltonnendeckeln trommeln geübt hatte – beschwerte sich außerdem, dass zu »der aufgenommenen Musik ein Schlagzeuger spielt, dessen Lärmen bis in mein Schlafzimmer und das Zimmer meiner Kinder zu hören ist. Die ständige störende Geräuschkulisse macht es mir unmöglich, Schlaf zu finden.«

Gillespies Wunsch wurde erfüllt: Der zuständige Gemeinderat bestimmte, dass im Pub künftig nur noch einmal im Monat länger Musik gespielt werden durfte.

Wie meinte ein weise gewordener Vierzigjähriger: »Das erste Anzeichen von innerer Reife ist die Erkenntnis, dass man den Lautsprecherknopf auch nach links drehen kann.«

Wahres Grauen

Kurt Vonnegut, der berühmte Autor düster-komischer Science-Fiction-Romane wie *Katzenwiege* oder *Schlachthaus 5*, verstand es meisterhaft, Szenen intensiver psychologischer Angst zu schildern. Aber seine eigene Definition von »wahrem Grauen« lautete: »eines Morgens aufzuwachen und festzustellen, dass deine Abschlussklasse das Land regiert.«

Vom Punk zum Petunienfreund

Die Punkrocklegende Iggy Pop brauchte länger als die meisten von uns, um zu innerer Reife und Ausgeglichenheit zu finden. Der »Godfather of Punk« – einst berüchtigt für seine Bühnenauftritte, bei denen er mit Vorliebe seine Genitalien zeigte, sich mit blutigem Fleisch und Erdnussbutter beschmierte oder sich mit Glasscherben ritzte – hat inzwischen anscheinend seinen grünen Daumen entdeckt und wühlt seither lieber im Dreck.

Auf der Gartenshow in Chelsea wurde ein Garten mit einer Silbermedaille ausgezeichnet, den ein Kinderhilfswerk angelegt hatte und der durch Iggys Bestselleralbum *Lust for Life* inspiriert wurde. »Ich fühle mich geehrt«, verkündete Iggy, »dass der Garten durch meine Musik inspiriert wurde, und ich unterstütze von ganzem Herzen die Ziele der Children's Society – die Leute rocken!«

Vom Rock'n'Roll zum Rock'n'Rollrasen ...

Augenfällige Anzeichen dafür, dass Sie endgültig erwachsen geworden sind

Küche

Einst	*Jetzt*
Dosenbier	Chardonnayflaschen
Dosenwürstchen	Broccoli und Spinat
Verschimmelter Käse vom Discounter	Schimmelkäse vom Wochenmarkt
Erdnussflips	fettreduzierte Nachos mit hausgemachter Guacamole
Halbvolle Raviolidose	Halbvolles Glas handgepflückter griechischer Oliven

Freizeit

Einst	*Jetzt*
Nachtclub	Fitnessclub
Kneipe mit Kumpeln	Abendessen mit Freunden
Rockfestivals	Rockfestivals – aber im eigenen Wohnmobil

Literatur

Einst	*Jetzt*
Playboy auf der Toilette	Obi-Katalog auf der Toilette
Vogue	*Heim und Garten*
Harry Potter	*Harry Potter* – als Bettlektüre für die Kinder

Shopping

Einst	*Jetzt*
Nachttanke	italienischer Feinkostladen
Ikea	Manufactum
Schallplatten aus dem Secondhand-Markt	Betonplatten aus dem Baumarkt

Einrichtung

Einst	*Jetzt*
Sitzkissen	Zierkissen
Kleiderhaufen	Einbauschrank
Plastikduschvorhang	Wellnessoase

Die Zeichen an der Wand

Der Journalist Kerry Williamson hat einmal in einem Zeitungsartikel formuliert, woher er wisse, dass er unwiderruflich erwachsen geworden sei: »Ich werde mich am Wochenende nicht volllaufen lassen, ich werde mich nicht in der Öffentlichkeit nackt ausziehen … Ich werde nicht auf einer fremden Couch aufwachen, und ich werde mir keine Zigaretten schnorren.«

Das Erwachsenenalter umfasst jene merkwürdige
Zeitspanne, in der Vater Zeit Mutter Natur einholt.
Harold Coffin

Williamson beklagte (oder begrüßte?) es außerdem, dass er höchstwahrscheinlich nicht in irgendeinem »Club rumzappeln und später mit irgendwelchen Fremden im Taxi heimfahren«, genauso wenig wie er am Sonntagmorgen mit einer halb aufgegessenen Pizza neben dem Bett aufwachen werde. Er schloss daraus, dass »bis zwei Uhr nachmittags durchpennen« und »die Anlage bis zum Anschlag aufdrehen« ebenfalls der Vergangenheit angehörten.

Jungsein klingt wirklich wahnsinnig anstrengend, oder?

Sie sind definitiv erwachsen, wenn …

→ Ihre Zimmerpflanzen ein ganzes Jahr überlebt haben und Sie keine davon rauchen können.

→ Sie auf einen Quickie im Auto verzichten, weil Sie keinen Bandscheibenvorfall riskieren wollen.

→ Sie sich eines Tages im Gartencenter wiederfinden und tatsächlich manche Pflanzen kennen.

→ Ihr Kühlschrank mehr feste als flüssige Nahrung enthält.

→ Sie um sechs Uhr früh nicht mehr ins Bett fallen, sondern aufstehen.

→ Ihr Lieblingssong im Aufzug dudelt.

→ Sie immer eine Flasche Wasser auf dem Schreibtisch stehen haben.

→ Sie unruhig werden, wenn Sie den Wetterbericht verpasst haben.

→ Ihre Freunde heiraten und sich wieder scheiden

lassen, statt jemanden »aufzureißen« oder »in die Wüste zu schicken«.

→ Jeans und T-Shirt nicht mehr als »schick gemacht« gelten.

→ Sie derjenige sind, der die Polizei ruft, weil die Bälger von nebenan die verdammte Stereoanlage nicht leiser drehen wollen.

→ Ihre Tante Ihnen unanständige Witze erzählt, ohne dabei rot zu werden.

→ Sie nicht mehr wissen, wie lange der Dönerstand abends geöffnet hat.

→ die Raten für Ihre Autoversicherung sinken und die Raten für das Auto steigen.

→ Sie Ihren Hund mit Öko-Markenfutter statt mit McDonald's-Resten füttern.

→ Sie schon nach einer einzigen Nacht auf der Couch nicht mehr aufrecht stehen können.

→ Sie sich jeden Tag nach einem Mittagsschläfchen sehnen.

→ Kino und Abendessen das gesamte Abendprogramm darstellen statt den Auftakt dazu.

→ ein BigMac um drei Uhr morgens Ihren Magen nicht mehr ruhigstellt, sondern zum Aufstand bringt.

→ Sie in der Apotheke nach Aspirin und Talcid statt nach Kondomen und einem Schwangerschaftstest fragen.

→ ein Karton »französischer Tafelwein« im Sonderangebot nicht mehr als »ziemlich guter Stoff« gilt.

→ Sie nicht mehr nachmittags an der Currywurst-
bude frühstücken.

→ es bei Ihnen nicht mehr »ich trinke nie wieder«
heißt, sondern »ich kann nicht mehr so trinken wie
früher«.

Älterwerden: Wenn man Emotionen gegen
Symptome einzutauschen beginnt.

Georges Clemenceau

→ Sie neunzig Prozent der Zeit vor dem Computer
tatsächlich mit Ihrer Arbeit verbringen.

→ Sie nicht mehr Geld zu sparen versuchen, indem Sie
zu Hause »vorglühen«, bevor Sie abends losziehen.

→ Sie Ihrer Bekannten gratulieren, wenn sie Ihnen erzählt, dass sie schwanger sei, statt die Hände hoch-
zureißen und zu fragen: »O Gott, wissen deine Eltern Bescheid?«

→ ein Abend mit zu vielen Schnäpsen und zu vielen
Zigaretten mit einem Hörsturz endet statt mit
einem mitternächtlichen FKK-Bad im städtischen
Freibad.

Sie sind endgültig erwachsen geworden, wenn ... Sie sich altersgemäß anziehen

Hätten Sie am Baggersee schon mal am liebsten den Kopf in den Sand gesteckt, weil vor Ihnen ein alter Gockel in Mikro-Badehose am Strand auf- und abpatrouilliert ist? Oder wären Sie fast vor Lachen unter den Tisch gerutscht, weil in Ihrer Stammkneipe ein bierbäuchiger Möchtegernmacho am Tresen stand – in hautengem T-Shirt und noch engeren Jeans, die mehr enthüllten, als Sie für anatomisch möglich gehalten hätten? Und die noch dazu in spitzen, verzierten Cowboystiefeln steckten? Wäre es am Ende möglich – schluck! –, dass Sie selbst zu dieser Spezies zählen?

Männer über dreißig, aufgemerkt: Womit Sie als Teens oder Twens durchgekommen sind, mörderscharfe Outfits, die damals »cool« oder »krass« waren, gehören auf jeden Fall ausgemustert, vor allem, wenn sie mit einer Stirn bis zum Genick und ein paar Pfund Gepäck um die Hüften kombiniert werden. Keine leichte Lektion, wohl wahr, aber ab dem dreißigsten Geburtstag sollten Hoodies, ausgelatschte Chucks und vor allem Lowriders einem eher altersgemäßen Look und, ganz ehrlich, einem Anflug von Würde weichen.

Sekundäre Pubertät

Jeremy Clarkson, der Moderator der Fernsehsendung *Top Gear*, enthüllte im Jahr 2001, dass er an einer Persönlichkeitsstörung leide, die er »Sekundäre Pubertät« nannte. Dieses in seiner Altersklasse grassierende Leiden zeichne sich hauptsächlich durch verspätetes pubertäres Verhalten aus. Die Symptome dieser Störung – die jeden Mann über dreißig treffen könne – zeigten sich laut Clarkson vor allem in »dem unstillbaren Drang, dich wie ein Teenager anzuziehen, wie ein Teenager Party zu machen und Frauen anzuquatschen, die zwanzig Jahre jünger sind als du.«

Bedauerlicherweise, ihr Männer da draußen, hat die medizinische Forschung bis heute kein Mittel gegen diesen beängstigenden Zustand gefunden.

Modische No-Gos für Männer über dreißig

1. Knallenge Jeans. Ach Quatsch, *jede* enge Hose.
2. Hosen mit hohem Bund. Ja, stimmt schon, Sie setzen allmählich an, aber es setzt auch noch nicht völlig aus, oder?
3. Basecaps. Oder Anglerhütchen. Ehrlich – Sie sehen damit nicht aus wie Pete Doherty, sondern wie ein Frührentner. Andererseits gilt es auch, nicht vorzugreifen: »Richtige« Hüte sind frühestens ab fünfzig zulässig. Ab diesem Zeitpunkt können Sie auch Pepitahüte, Panamas und Pudelmützen mit Stolz und Würde tragen.

4. Rautenpullover und Strickjacken. Die bleiben allein den Unterzwanzigjährigen vorbehalten, die sie mit intellektueller Ironie zu tragen verstehen,

und den Übersechzigjährigen, die sie problemlos mit einer Pfeife und Pantoffeln paaren können.

5. Ausgefallene Unterwäsche jedweder Art – insbesondere Tangas sowie alles mit Leopardenmuster.

6. Eine Zwanzigjährige am Arm. Wollen Sie als wandelndes Klischee dastehen?

7. Flipflops. Es sei denn, Sie leben tatsächlich am Strand *und* gehen wöchentlich zur Pediküre.

8. Lammfellstiefel. Die darf eigentlich gar kein Mann tragen, es sei denn, er ist Schafscherer und gerade in Australien.

9. T-Shirts mit Bandnamen aus Ihrer Jugend.

10. T-Shirts mit aktuellen Bandnamen.

11. Cowboystiefel, es sei denn, Sie spielen bei Boss Hoss (und eigentlich nicht mal dann …)

12. Jeansjacken, es sei denn, Sie spielen mit George Michael.

13. Hoodies.

14. Langes, dünnes Haar – schlimmstenfalls zu einem struppigen Pferdeschwanz gebündelt.

15. Sonnenstudiobräune – ausgenommen, Sie sind Tom Jones oder wollen sich als sein Double versuchen.

16. Socken mit eingestickten Sprüchen.

17. Trägerhemden, Cargohosen, spitze Schuhe und irgendwelches Army-Outfit (es sei denn, Sie sind bei der Bundeswehr).

18. Krawatten, die modisch oder »flippig« sein wollen. In Ihrem Alter sollten Sie selbstbewusst genug sein, um nicht mehr über Ihren Binder ausdrücken zu müssen, dass Sie »kein spießiger Sparkassenangestellter« sind, obwohl Sie genau dort arbeiten.

19. Outdoor-Sandalen. Gehen weder mit noch ohne Socken. Was finden Männer bloß an diesen Dingern? Als würde man sich Autoreifen an die Füße schnallen und damit stundenlang durch den Busch stapfen, während man es tatsächlich gerade noch ins Straßencafé schafft, um einen Caffè Latte zu bestellen.

20. Hautenge Badehosen, es sei denn, Sie sind:
    a) unter dreißig
    b) in exzellenter Form
    c) Hochleistungsschwimmer

Mode für richtige Männer

Aber lassen Sie sich nicht entmutigen! Ihnen stehen zahllose modische Accessoires zur Verfügung, unter denen Sie fortan wählen können:

→ Maßgeschneiderte Hemden;
→ Auf der Nasenspitze balancierende, superschmale Lesebrillen;
→ Seidenkrawatten oder exzentrische Halstücher;
→ eine Kochmütze beim Grillen;
→ Markenuhren;
→ ein exakt gestutzter Bart;
→ eine arrogante und leicht blasierte Miene, die ausdrücken soll, dass Sie sich nicht länger dem Diktat der Mode unterwerfen.

Baden gehen

Der unstillbare Drang, in die gute alte Kneiferbade-
hose zu steigen, ist ein untrügliches Zeichen dafür,
dass Mann ein gewisses Alter erreicht hat. Und trotzdem – oder gerade deswegen – werden die engsten Badehosen vor allem von Männern getragen, die, sagen
wir's mal so, den Gipfel ihrer Ansehnlichkeit knapp
überschritten haben. Warum nur? Der amerikanische
Comedian Tom Papa kennt die Antwort: »Ich habe
Frau und Kinder. Wenn ich heute an den Strand gehe,
bin ich mit Wickeltaschen und allem möglichen Kram
beladen. Ich schleife einen Kinderwagen hinter mir
her. Keine Frau sieht mich noch an. Ich denke mir,
wenn mir die Badehose zwischen die Backen rutscht,
sind sie zwar entsetzt, aber immerhin bin ich ihnen
einen Blick wert.«

Na ja, solange es überhaupt eine logische Erklärung gibt …

Ich glaube, dass Männer mit einem Ohrstecker
besser auf die Ehe vorbereitet sind. Sie haben
schon einmal Schmerzen erduldet und Brillanten
gekauft.

Rita Rudner

Krisengarderobe

Auf der Website bestweekever.tv, die sich mit amerikanischen Prominenten beschäftigt, wurde ein alar-
mierender Modetrend beobachtet, der bei mittelalten
männlichen Weltstars wie Tom Cruise, Brad Pitt und
Matthew Fox um sich zu greifen scheint. Es heißt:
»Jetzt ist es offiziell. Die Bikerjacke ist das neue Aus-
hängeschild für die Midlife-Crisis ... um genau zu
sein, die mit einem Pseudo-Rollkragen verzierte, eng
anliegende, Ducati-inspirierte Motorradlederjacke.
Immer mehr Schauspieler gockeln damit durch Hollywood. Wahrscheinlich sollen der aerodynamische
Kragen und die überbreiten Schultern den Eindruck
erwecken, dass diese alternden Promis ständig zum
Klettern gehen, Motorradrennen fahren oder durch
ein Flammeninferno hechten – kurz gesagt, dass das
Schauspielerleben ›voll crazy‹ ist!«

Die Evolution der Mode

So wie alles andere unterliegt auch die Mode einer langsamen Evolution. Die Welt um uns herum verändert sich, und unsere Kleidung verändert sich mit ihr. Oder ist es eher so, dass unsere Kleidung uns verändert? Anfangs müssen wir uns mit dem zufriedengeben, was unsere Eltern uns kaufen. Danach folgt die Revolution, während derer wir uns wahlweise als Punks verkleiden oder, falls unsere Eltern Hippies waren, ausschließlich im Anzug in die Schule gehen. Im Berufsleben steigen wir erst um auf ein lockeres Sakko mit ironisch gemustertem Hemd und später auf ganz und gar nicht ironische Anzüge mit Krawatte. Und all das nur, damit wir uns, sobald wir das richtige Alter erreicht haben, kopfüber in die Beige-Windjacken-Szene stürzen können!

Schaf im Lammpelz

Im Leben jeder Frau kommt der Moment, in dem sie erkennt, dass sie wirklich und wahrhaftig erwachsen geworden ist, und nicht immer hat dieser Augenblick der Wahrheit etwas mit dem ersten grauen Haar oder den ersten Krähenfüßen zu tun. Er kann uns ganz unerwartet ereilen, zum Beispiel wenn die blutjunge Verkäuferin in der Wäscheabteilung uns taktvoll von den sexy Spitzenwäsche-BHs weglotst und zu den figurkontrollierenden Miederwäschestücken führt, hinein in die »Ich werde nie wieder Sex haben«-Nische der Damenunterwäsche.

> Wie fünfzig auszusehen ist fantastisch – wenn du sechzig bist.
>
> *Joan Rivers*

Trotzdem sollte das kein Grund sein, gleich die gesamte Garderobe zu entsorgen und alles *auf der Stelle* durch beige Pullis und knielange Röcke mit elastischem Bund zu ersetzen. Denn zuvor können wir noch ein paar Jahrzehnte der stylischen Spätjugend genießen.

1. Enge Hosen, bei denen oben die Röllchen raus-
   quellen, gehen absolut und überhaupt nicht. Und
   erst recht nicht gehen Hosen, bei denen sich die
   Röllchen zwischen den Schenkeln abzeichnen.
2. Velours-Jogginganzüge.
3. Ugg-Boots. Dass Paris Hilton diese mit Lamm-
   fell gefütterten Schafscherertreter getragen hat,
   macht es nicht besser.
4. Velours-Jogginganzüge mit Ugg-Boots.
5. Neonfarbene oder schrill gemusterte Leggings.
6. Ausgefranste superknappe Jeansröcke, die nur
   mit viel gutem Willen über den Hintern reichen.
7. Schenkelhohe PVC-Stiefel à la Julia Roberts in
   Pretty Woman. Glauben Sie uns, Sie würden aussehen, als gingen Sie zum Angeln.
8. Bauchfreie Tops. Und nein – auch nicht, wenn Sie
   sich ein Sixpack antrainiert haben.
9. Leopardenmuster. Eigentlich jedes Tiermuster.
10. Hosenröcke. Keine Frau kann so jung sein, dass
    sie die tragen könnte.
11. Gleiches gilt für Unterwäsche, die so groß oder
    klein ist, dass sie oben aus der Hose blitzt.
12. Alles mit Durchblick, eingeschlossen Netz-
    strümpfe.
13. Unnatürlich lange Nägel, es sei denn, Sie brau-
    chen sie, um Hänsel und Gretel in Ihr Leb-
    kuchenhäuschen zu locken.
14. T-Shirts mit den Namen irgendwelcher Zeichen-

trickfiguren, die zehnjährige Mädchen lieben (Barbie, Kitty … die Liste ist endlos).

15. Schlecht sitzende Schuhe, vor allem, wenn sie sehr hoch und sehr spitz und auf lateinamerikanische Tanzlehrer gerichtet sind.

16. Ein Nabelpiercing.
17. Hotpants. Vielleicht kommt Kylie Minogue damit durch, aber die ist unsterblich.
18. Orange getönte Foundation. Überlassen wir die den Achtzehnjährigen, die es nicht besser wissen.
19. Das Gleiche gilt für spinnenhafte Mascara und enthusiastisch aufgetragenen Lidschatten.

20. Bis zum Hals zugeknöpfte Blusen mit einer bezaubernden Brosche darauf. Noch haben Sie es nicht ins Seniorenstift geschafft.

Sie sind endgültig erwachsen, wenn Sie das Bequeme dem Modischen vorziehen.

In der Tinte sitzen

Heutzutage scheint man die Midlife-Crisis erst überstanden zu haben, wenn sie in Tinte gefasst wurde.

Aus heiterem Himmel lassen sich Männer und Frauen über dreißig in dem Wahn, gerade achtzehn geworden zu sein und es ewig zu bleiben, pseudokeltische Runen auf den Oberarm stechen – das sogenannte Armgeweih –, oder sie lassen putzige kleine Schmetterlinge über ihren Hinterbacken tanzen in der vergeblichen Hoffnung, dass die mit ihren Flügeln das allmählich erschlaffende Fleisch wieder nach oben ziehen. Und es sind nicht nur Tattoo-Erfahrene, die sich so bestechen lassen, eventuell um ein verkorkstes Tintenmal aus jüngeren Tagen zu übermalen. Selbst Frau um die fünfzig lässt sich neuerdings nadeln in dem Trugschluss, sich mit jedem Stich ein Stück ewige Jugend zu erkaufen.

Richtig verbreitet ist der Trend allerdings in den USA. Dort neigte man seit jeher eher zum farbigen Körperschmuck, und dort lassen sich die Stars reihenweise tätowieren, sobald sie ein gewisses Alter erreicht haben – nicht immer zu ihrem Vorteil.

Auf ewig an meinem Arm

Oft neigen wir dazu, aller Welt unsere frisch ent-
brannte Liebe zu verkünden und sie zu diesem
Zweck auf Brust, Arm oder Hintern zu verewigen.
Auch Johnny Depp fühlte sich bemüßigt, dies zu tun,
nachdem er am Set zu *Edward mit den Scherenhän-
den* Winona Ryder kennen- und lieben gelernt hatte.
Als Zeugnis ihrer nie verlöschenden Liebe ließ sich
Depp die Worte »Winona Forever« auf den Arm tätowieren. Drei Jahre später, die Beziehung war längst
Geschichte, ließ Depp den Tätowierer eine kurze Kor-
rektur an dieser Aussage vornehmen. Das Tattoo lau-
tet jetzt »Wino Forever«. Was das wohl heißen soll?
»Säufer auf ewig«?

Depp hätte vielleicht den Rat der Comedienne
Carol Leifer beherzigen sollen, die einst empfahl:
»Wenn du vorhast, dir den Namen deines Geliebten
auf den Arm tätowieren zu lassen, solltest du sicherheitshalber immer genug Platz für ein ›Ich hasse‹ darüber freilassen.«

Wo Ihr Name stehen könnte

Der bekannteste forensische Pathologe der USA
ist Michael Baden, der früher als ranghöchster
Leichenbeschauer in New York arbeitete und inzwischen ein fester Bestandteil der amerikanischen
Dokuserie *Autopsy* ist. Während seiner Laufbahn als

Rechtsmediziner hat er Tausende von Obduktionen vorgenommen. In einer Late-Night-Show wurde er von Talkmaster Conan O'Brien gefragt, was das eigenartigste Tattoo sei, das er je an einer Leiche gesehen hätte. Baden antwortete, es sei ein Tattoo gewesen, das ein Mann auf seinem Penis gehabt hatte.

Auf Conan O'Briens Frage, was dort gestanden habe, antwortete er: »Dein Name.«

»Conan?!«

»Nein. ›Dein Name‹.«

Wie sich herausstellte, hatte der Dahingeschiedene viel Zeit in diversen Bars verbracht und dort mit Fremden darum gewettet, dass auf seinem Penis ihr Name (»Dein Name«) stehen würde.

Midlife-Crisis? Reine Kopfsache

Der ohnehin als exzentrisch bekannte Schauspieler Rupert Everett enthüllte einst in einem Zeitschriften-Interview, dass er im reifen Alter von achtundvierzig Jahren beschlossen habe, sich den Kopf tätowieren zu lassen.

»Ich glaube, das ist die Midlife-Crisis«, gestand er. »Ich habe mir schon immer eine Tätowierung gewünscht, und jetzt lasse ich mir eine machen. Es wird ein doppelköpfiger Adler, und ich lasse ihn auf meinen Hinterkopf stechen.«

Als man ihn fragte, ob er nicht vorsichtshalber eine

etwas diskretere Stelle wählen sollte, erwiderte er nur:
»Drauf geschissen!«

> Zwischen zwanzig und dreißig sollte man sich vor
> allem darauf konzentrieren, sich kein schlechtes
> Tattoo zuzulegen. Niemand will mit vierzig aller Welt
> erklären müssen: »Glaub mir, Mann, das war damals
> so. Damals hat jeder SpongeBob geliebt – absolut
> jeder.«
>
> *Tom Papa*

Die Zeichen an der Wand

Man hört nicht oft, dass sich jemand wegen einer
Scheidung tätowieren lässt. Aber als der Rapper Emi-
nem im Jahr 2000 die Scheidung von seiner ersten
Frau Kim Mathers einreichte, musste sie einsehen,
dass die Ehe nicht mehr zu retten war. Wenn sich Ihr
Ehemann ein neues Tattoo stechen lässt, auf dem Sie
lesen können: »KIM – ROT IN PIECES« (VERROTTE
ZU STÜCKEN), ist es höchste Zeit zu gehen.

Im Namen der Liebe

Um fünfzehn glückliche Ehejahre mit seiner Frau Lisa
zu feiern, ließ sich der Waliser Alan Jenkins ein senti-
mentales Tattoo machen. Mehr als zwanzig schmerz-

volle Stunden brachte er in einem Tätowierstudio zu, wo er sich das Antlitz seiner Gemahlin auf die Brust stechen ließ. Das Tattoo umfasste zudem die Porträts ihrer gemeinsamen Töchter und kostete Alan knapp zweitausend Euro.

Frauen, lasst euch nicht tätowieren! Der Schmetterling auf eurer Brust sieht fantastisch aus, solange ihr zwanzig oder dreißig seid, aber wenn ihr auf die siebzig zugeht, verwandelt er sich in einen Kondor.

Billy Elmer

Dummerweise eröffnete ihm seine Frau, kaum dass die Tinte getrocknet war, dass sie schon seit Längerem eine Affäre habe. Sie verließ Alan, um zu ihrem fünfundzwanzigjährigen Fitnesstrainer zu ziehen.

Alan nahm die Sache sportlich: »Vielleicht hat sie mich verlassen, aber dank meines Tattoos wird sie immer bei mir bleiben. Und falls sich irgendwann was Neues ergibt, habe ich immer noch genug Platz auf meiner Brust.«

Ein B-und-B fürs Leben

Eine Frau ist unzufrieden mit ihrem Liebesleben, weil ihr Mann besessen von Brigitte Bardot ist und sie darum im Bett links liegenlässt. Um seine Liebe zurückzugewinnen, geht sie ins Tattoo-Studio, um sich die Buchstaben »BB« auf die Brust tätowieren zu lassen. Der Tätowierer warnt sie, dass Alter und Schwerkraft die Tätowierung im Lauf der Jahre verzerren könnten, und schlägt ihr vor, die Buchstaben lieber auf ihren Pobacken zu verewigen. Sie ist einverstanden und lässt sich in Tinte ein B auf jede Backe stechen. Als ihr Mann am Abend nach Hause kommt, dreht sie sich wortlos um, hebt ihr Kleid und beugt sich vor, um ihm das Kunstwerk vorzuführen.

»Und wie findest du es?«, fragt sie.

»Ganz nett«, erwidert er. »Aber wer zum Teufel ist Bob?«

Sie sind endgültig erwachsen geworden, wenn ... Sie allmählich auseinanderfallen

Es ist kein Geheimnis, dass immer mehr Frauen über dreißig vor dem nahenden Alter Schutz suchen, indem sie in die Arme von Schönheitschirurgen flüchten. Fettabsaugen zum Frühstück, Botox zur Brotzeit und ein Lifting zum Lunch sind inzwischen selbstverständlich geworden. Selbst jemand, der so beneidenswert jung aussieht wie Gwyneth Paltrow, beschmiert angeblich die makellose Gesichtshaut mit Schlangengift, um schon die ersten kleinen Fältchen abzutöten.

Männer hingegen haben sich seit jeher problemlos mit ihrem fortschreitenden Alter abgefunden und nur gelegentlich Frau und Kinder gegen eine Elektrogitarre und einen Pferdeschwanz eingetauscht, sobald sie die magische Grenze ins Reich der Vierziger überschritten hatten.

Doch auch das ändert sich. Die Schönheitschirurgen vermelden einen wahren Ansturm auf ihre OP-Tische, denn ein neues Phänomen namens »Menoplauze« lässt jetzt auch die Männer ab Mitte dreißig ins Wartezimmer der Faltenbügler drängen. Dort lassen sie sich das Fett aus den Hüften und Biertitten saugen, die Schlabberbäckchen straffen, die Tränensäcke leeren und neues Haar auf die Denkerstirn pflanzen.

Das Alter – ein Auflösungsprozess

Der englische Journalist Toby Young schildert treffend, wann ihm erstmals aufging, dass er seine Blütezeit überschritten hatte. »Mir war ein Schnürsenkel aufgegangen«, erklärt er, »und ich wollte mich schon bücken, um ihn wieder zuzubinden, als ich mir dachte, Moment mal, vielleicht sollte ich lieber abwarten, bis der andere auch aufgegangen ist. Dann brauche ich mich nur einmal zu bücken und kann beide Schleifen auf einmal binden.«

Kommt Ihnen das irgendwie vertraut vor? Young zog damals das Fazit: »Wenn du anfängst, dir eine Strategie zurechtzulegen, wie du das Bücken reduzieren kannst, dann weißt du, dass deine besten Jahre hinter dir liegen.«

Zum Haareraufen

Sein Schriftstellerkollege Stephen J. Lyons beschäftigt sich dagegen seit Neuestem mit aufsässigen Haaren. »Meine Augenbrauen, denen ich früher keinen zweiten Blick gegönnt habe, haben sich plötzlich gegen mich verschworen. Falls ich auch nur einen Tag nicht hinsehe, bricht ein Vorauskommando-Haar aus der Brauengemeinschaft aus und macht sich eigenmächtig auf den Weg gen Norden.«

Erkennen wir also daran, dass die Jugend endgültig hinter uns liegt? Am Zupfen und Ziehen, Joggen und Schwitzen und vor allem an den Verrenkungen im hautengen Aerobicsuit im Fitnessstudio? Am verzweifelten Kampf gegen jedes neue graue Haar und jede neue Falte, der mit immer bizarreren Lotionen und Kreationen ausgefochten wird und doch von Anfang an verloren ist? Sollten wir nicht einfach kapitulieren und still und leise auseinanderfallen?

Es ist ein Dilemma, das wir alle nur zu gut kennen und das sich für Männer in wenigen Sätzen zusammenfassen lässt: Endgültig erwachsen sind Sie, wenn Sie nicht mehr von Ihrem Haar sprechen, sondern von Ihren Haaren. Der Unterschied? Haar kann man stylen, Haare zählt man.

Kurze Haare, langer Verstand

Eines Morgens kaut der kleine Sohn nachdenklich auf seinem Frühstückstoast herum.

»Mami«, fragt er schließlich, »warum hat Papi eigentlich so wenig Haare auf dem Kopf?«

»Hmm«, sucht seine Mutter nach einer schlagfertigen Antwort. »Weil er so viel denken muss.«

»Ach so«, sagt der Sohn und überlegt. »Und warum hast du dann so viele Haare?«

Wenn der Putz zu bröckeln beginnt

Endlos erscheint die Liste der Anzeichen des Verfalls, die uns zwischen dreißig und fünfzig heimsuchen. Sie reicht von grauen Haaren bis zur Lesebrille, von Rückenschmerzen bis zu Krähenfüßen (wobei wir den Begriff »Lachfältchen« bevorzugen).

Mil Millington, Autor des Romans *Tausend Dinge, über die ich mich mit meiner Freundin immer streite*, hat diese Liste um einen weiteren Punkt erweitert: »Mit zweiundvierzig«, behauptet er, »beginnt deine Haut dir anzudeuten, dass dein Gesicht ins Waschbecken fallen könnte, wenn du es zu heftig wäschst.«

Noch etwas, worum wir uns bis zu diesem Moment keine Sorgen zu machen brauchten …

Die Jugend wird an die Jungen verschwendet

»Wie ist das passiert?«, fragt der Arzt den gut vierzig-jährigen Dachdecker, während er dessen gebrochenes Bein schient.

»Also, Herr Doktor, vor fünfundzwanzig Jahren …«

»Die Vergangenheit interessiert mich nicht. Sie sollen mir nur erzählen, wie Sie sich heute Morgen das Bein gebrochen haben.«

»Wie gesagt, vor fünfundzwanzig Jahren begann ich meine Lehre und habe damals bei meinem Lehrherrn gewohnt. In der ersten Nacht kam, als ich gerade ins Bett gegangen war, die wunderschöne Tochter meines Chefs in mein Zimmer und fragte, ob ich irgendwas brauchen würde. Ich sagte: ›Nein danke, es ist alles in Ordnung.‹ ›Ganz bestimmt?‹, fragte sie. ›Ganz bestimmt‹, sagte ich. ›Kann ich denn gar nichts für dich tun?‹, hakte sie nach. ›Ich wüsste nicht, was‹, antwortete ich.«

Die Jugend ist etwas Wunderbares. Es ist eine Schande, dass man sie an Kinder vergeudet.

George Bernard Shaw

»Verzeihung«, unterbricht ihn der Arzt. »Aber was hat diese Geschichte mit Ihrem Bein zu tun?«

»Na ja«, erklärt der Dachdecker, »heute Morgen ist mir aufgegangen, was sie damals gemeint hat, und da bin ich vom Dach gefallen.«

Unter die Räder gekommen

Genau an ihrem fünfunddreißigsten Geburtstag wird eine Frau von einem Lastwagen überrollt. Sie wird ins Krankenhaus gefahren und hat, während sie auf den Operationstisch gehoben wird, eine Vision: Sie sieht Gott an ihrer Seite stehen.

»Heißt das, dass ich jetzt sterben muss?«, fragt sie ihn, doch Gott schüttelt den Kopf. »Aber nein, du hast noch mindestens dreißig oder vierzig Jahre zu leben.«

Nachdem sich die Frau von ihren Verletzungen erholt hat, beschließt sie, im Krankenhaus zu bleiben und noch ein paar kosmetische Operationen vornehmen zu lassen: Sie lässt sich die Brüste vergrößern, das Fett absaugen, die Lippen aufspritzen und das Gesicht liften. Denn nachdem sie noch dreißig oder vierzig Jahre zu leben hat, will sie so viel wie möglich aus dieser Zeit herausholen.

Als sie ein paar Wochen später entlassen wird, fühlt sie sich wie eine Zwanzigjährige – und sieht auch so aus. Sie tritt vor der Krankenhaustür auf die Straße – und wird prompt von einem Krankenwagen überfahren.

Diesmal landet sie wirklich im Himmel. Als sie vor Gott steht, fährt sie ihn wütend an: »Hey! Ich dachte, ich hätte noch dreißig oder vierzig Jahre zu leben?«

»Ach, du liebe Güte!«, antwortet Gott. »Tut mir wirklich leid, aber ich habe dich einfach nicht erkannt!«

Im Schnellvorlauf

Eine Frau bemerkt ein kleines Hutzelmännchen, das zufrieden vor seinem Häuschen sitzt und Pfeife raucht. »Entschuldigen Sie bitte«, sagt sie, »aber Sie sehen so glücklich aus. Wie haben Sie es geschafft, ein so langes und erfülltes Leben zu führen?«

»Ich habe jeden Tag drei Schachteln Zigaretten geraucht«, krächzt er. »Außerdem trinke ich pro Woche eine Kiste Whisky, ernähre mich ausschließlich von Hamburgern und treibe grundsätzlich keinen Sport.«

»Kaum zu glauben!«, ruft die Frau aus. »Und wie alt sind Sie?«

»Sechsundzwanzig.«

Auf den Blickwinkel kommt es an

Die meiste Zeit können wir uns erfolgreich einreden, dass das Alter nichts weiter ist als eine bedeutungslose Zahl. Statt in Hysterie zu verfallen, weil wir auf die vierzig zurasen, sollten wir die Dinge lieber aus dem richtigen Blickwinkel betrachten und nach dem Silberstreif am Horizont Ausschau halten.

Blöderweise bedeutet ein Silberstreif am Horizont, dass über uns tiefe Nacht herrscht, wie uns die englische Comedienne Tracy Smith vor Augen führt: »Wenn mich ein zweiundzwanzigjähriger Junge nackt sieht, denkt er: ›So sieht also eine ältere Frau aus.‹

Wenn mich ein zwanzigjähriges Mädchen nackt sieht, denkt es: ›Ich muss wirklich besser aufpassen. Ab morgen nehme ich täglich Feuchtigkeitscreme.‹«

Den Tatsachen ins Gesicht sehen

Nicht alle Promis bestreiten, dass sie ihr mimisches Talent mit einigen Botox-Spritzen befördert beziehungsweise stillgelegt haben. Wobei man über das Ergebnis bisweilen geteilter Meinung sein kann, wie man an Melanie Griffith sieht, die von einem besonders böswilligen Stilkritiker als »Botox-Kakadu in einem Dali-Gemälde« bezeichnet wurde.

So hat Teri Hatcher von den *Desperate Housewives* offen zugegeben, Botox und Collagen verwendet zu haben. Nun aber habe sie sich seit einem Jahr nichts mehr ins Gesicht spritzen lassen.

Dabei zählt Botox noch zu den appetitlicheren Substanzen, die man sich spritzen lassen kann. Der Schlagersänger Costa Cordalis beispielsweise ließ Fett aus seinem Gesäß absaugen und sein Gesicht damit aufpolstern – womit der Begriff »Arschgesicht« eine ganz neue Bedeutung bekommt.

Lift me up ...

Eine Frau in den Vierzigern geht zu ihrem Schön-heitschirurgen, um sich das Gesicht liften zu lassen. Der Chirurg erzählt ihr von einem neuen Verfahren, »Knopftechnik« genannt, bei dem ein kleiner Knopf am Hinterkopf der Frau angebracht wird. Dieser Knopf strafft bei jeder Umdrehung die Haut nach, so-dass die Patientin immer wie frisch geliftet aussieht. Natürlich stellt die Frau sofort einen Scheck aus und lässt sich auf der Stelle den Knopf einpflanzen.

Im Lauf der Jahre zieht die Frau den Knopf immer wieder an, mit fantastischem Erfolg: Sie sieht immer jugendlich und strahlend gesund aus. Doch nach fünfzehn Jahren stellen sich die ersten Probleme ein, und so sucht sie den Chirurg wieder auf. »Jahrelang hat alles prächtig funktioniert. Ich musste den Knopf zwar öfter drehen, aber ich war immer hochzufrieden. Trotzdem leide ich in letzter Zeit unter zwei ärger-lichen Nebenwirkungen: Erstens habe ich furchtbare Tränensäcke unter den Augen, die ich einfach nicht mehr loswerde.«

Der Arzt untersucht sie eingehend und stellt fest: »Das sind keine Tränensäcke, das sind Ihre Brüste.«

Und die Frau: »Dann will ich gar nicht wissen, wo das Ziegenbärtchen herkommt ...«

Dem Zahn der Zeit trotzen

Die britische TV-Moderatorin Janet Street-Porter ist berüchtigt für ihr Gebiss, um das sie viele Pferde beneiden. Als sie gefragt wurde, ob sie sich je einem Lifting unterziehen würde, nahm die Moderatorin wie üblich kein Blatt vor den großen Mund. »Auf keinen Fall! Und wenn ich danach wie Julie Christie aussähe? Ich meine, manche finden, dass sie toll aussieht, trotzdem, irgendwas ist mit ihr passiert. Viele Menschen in meinem Bekanntenkreis haben sich liften lassen, das Problem ist nur, dass ihre Zähne zum alten Gesicht passen, nicht zum neuen. Du wirst älter, das Zahnfleisch weicht immer weiter zurück, die Zähne werden immer größer. Also musst du sie ebenfalls machen lassen. Man braucht sich nur David Bowie anzusehen. Er ist so dünn! Er sieht toll aus, aber er trägt diese zwei Marmor-Grabsteine im Mund. Ich weiß, viele werden jetzt sagen: ›Die muss gerade reden‹, aber trotzdem …«

Rate mein Alter, Alter!

Eine fast fünfzigjährige Frau will sich zum Geburtstag ein Lifting gönnen. Sie muss zwar ein paar Tausender hinblättern, aber dafür ist sie sehr zufrieden mit dem Ergebnis. Ein paar Wochen später, die Operationsnarben sind bereits abgeheilt, kauft sie eine Zeitung am Kiosk. Nachdem sie gezahlt hat, hält sie es vor Neugier nicht mehr aus und sagt zum Verkäufer: »Entschuldigen Sie die Frage, aber wie alt schätzen Sie mich?«

»Ungefähr dreißig?«, kommt die Antwort.

»Sie irren sich, ich bin achtundvierzig«, belehrt ihn die Frau und verlässt überglücklich das Geschäft.

Das Erlebnis hat sie hungrig gemacht, und so kehrt sie in einem McDonald's ein. Sie fragt das Mädchen hinter der Theke: »Und für wie alt halten Sie mich?«

»Für etwa achtundzwanzig«, antwortet das Mädchen.

»Falsch!«, ruft die Frau triumphierend. »Ich bin genau achtundvierzig Jahre alt, hätten Sie das gedacht?«

Sie geht in eine Drogerie, kauft ein Parfüm und kann auch hier dem Drang nicht widerstehen, die Verkäuferin nach ihrem Alter zu fragen.

»Wenn Sie so fragen, würde ich meinen, dass Sie etwa dreißig sind«, sagt die.

»Weit gefehlt, ich bin achtundvierzig«, jubiliert die Frau. »Aber vielen Dank!«

Sie schwebt aus dem Geschäft und geht zur Bushaltestelle. Dort wartet ein alter Mann, und die Frau kann es sich nicht verkneifen, auch ihm die Frage zu stellen.

»Also«, antwortet der Alte, »ich bin inzwischen achtzig, und meine Augen sind nicht mehr so gut, wie sie mal waren, aber früher kannte ich eine todsichere Methode, um das Alter einer Frau zu bestimmen. Sie werden das vielleicht merkwürdig finden, aber dazu müsste ich meine Hände unter Ihren BH schieben. Dann werde ich Ihnen ganz genau sagen können, wie alt Sie sind.«

Die Frau überlegt kurz. Dann sieht sie sich um, stellt fest, dass außer ihnen niemand auf der Straße ist, und beschließt, dem Alten Gelegenheit zu geben, ihr Alter zu bestimmen. Er schiebt beide Hände erst unter ihren Pullover, dann in ihren BH, und beginnt sie gedankenversunken zu betasten.

Nach einer Weile wird die Frau nervös. »Okay, okay, das muss reichen. Also sagen Sie schon, wie alt bin ich?«

Der alte Mann zieht die Hände zurück und sagt: »Gnädige Frau, Sie sind genau achtundvierzig Jahre alt.«

Die Frau ist fassungslos. »Wie können Sie das feststellen, nur indem Sie meine Brüste betasten?«, fragt sie.

Darauf der Alte: »Ich habe im McDonald's hinter Ihnen angestanden.«

Frauen altern niemals vorteilhaft.
Wir gehen einfach aus dem Leim.

Stephanie Hodge

Aufgerissen

Die Autorin Lynne Truss zieht eine alarmierende Verbindung zwischen dem Moment, in dem man die ersten Anzeichen für den körperlichen Verfall bemerkt, und dem unaufhaltsamen Wandel zum griesgrämigen alten Miesepeter beziehungsweise zur verbitterten alten Hexe. In ihrem Werk *Für dich immer noch Sie Arschloch!*, einem Klassiker über gutes und weniger gutes Benehmen, bestimmt sie präzise den Moment, in dem der Abstieg in die besserwisserische Nörgelei beginnt.

»Am besten, Sie überprüfen es gleich mal an Ihrem eigenen Ellenbogen ... Wenn die Haut runzlig absteht, ein bisschen rau und streitlustig, dann können Sie wahrscheinlich aus dem hohlen Bauch heraus rund zwanzig Dinge aufzählen, die Sie in den Wahnsinn treiben ...«

Sie sind endgültig erwachsen geworden, wenn ... die Krise Sie erwischt

Wir können uns ziemlich lange vormachen, dass wir eigentlich ganz zufrieden mit uns sind und keine Angst vor dem Alter haben. Doch früher oder später kommt für uns alle die Nacht, in der wir schweißgebadet aus dem Schlaf schrecken und mit einem dicken Kloß im Hals erkennen, dass die Tage unserer Jugend gezählt sind. Wir beginnen uns zu fragen, ob es nicht höchste Zeit ist, die lang geplante Auszeit zu nehmen, den Job hinzuwerfen und ein Jahr um die Welt zu reisen, die brachliegende Mitgliedschaft im Fitnessclub zu reaktivieren, sich an die heiße Praktikantin aus dem ersten Stock ranzuschmeißen, sich die Nippel piercen oder den Rücken epilieren zu lassen ...

Midlife-Crisis ist die Pubertät des Greisenalters.

Anonym

Und schon hat uns auf geradezu klassische Weise die Midlife-Crisis erwischt, jenes verstörende Phänomen, das wir als komisches Klischee verunglimpfen, bis es uns selbst heimsucht. Und seien Sie gewarnt: Sobald Sie bei sich die ersten Symptome für eine MLC entdecken, wird es verflucht lange abwärtsgehen, bevor es wieder aufwärtsgeht. Wie jemand mit eher morbidem Humor einst sagte: Das Schlimmste an der Midlife-Crisis ist die Erkenntnis, dass du die Scheiße, die das Leben für dich bereithält, erst zur Hälfte durchwatet hast.

Sie sind in der Midlife-Crisis, wenn ...

→ Sie Ihre Frau küssen wollen und sie gähnt.

→ aus Ihrem einstigen Sixpack ein ganzes Fass geworden ist.

→ bei einer Party alle auf die Tanzfläche stürmen und Sie so lange den Tisch frei halten sollen.

→ Sie sich sagen, dass Qualität immer noch über Quantität geht.

→ Sie sich nach zehn Minuten Joggen und zehn Sit-ups erst mal ein Viertelstündchen hinlegen müssen.

→ die meisten Paare in Ihrem Hochzeitsalbum längst wieder geschieden sind.

→ wenn »einen draufmachen« für Sie bedeutet, dass Sie bis nach Mitternacht ferngesehen haben.

→ Sie dieses typische Altmännergeräusch von sich geben, wenn Sie aus einem Sessel aufstehen.

→ Sie all die Sachen nicht mehr machen dürfen, für die Sie früher zu jung waren.

→ Sie auf halbem Weg zur Bushaltestelle überlegen: »Ach, es kommen noch mehr Busse. Ich bin über dreißig, ich habe diesen Quatsch nicht mehr nötig. Ich nehme ein Taxi zur Bushaltestelle.«

→ Sie mit dem Gedanken spielen, Ihren VW Sharan tieferlegen zu lassen.

→ Ihnen klar wird, dass Ihr halbes Arbeitsleben bereits hinter Ihnen liegt.

→ Ihnen klar wird, dass Ihr halbes Arbeitsleben noch vor Ihnen liegt.

→ Ihnen jemand eine Kosmetikerin/Schönheitsklinik/ Antifaltencreme empfiehlt.

→ Sie einen Termin bei der Kosmetikerin/Schönheitsklinik vereinbaren, falls die Antifaltencreme nicht wirkt.

→ Ihre Eltern Sie nicht mehr fragen, wann Sie endlich etwas aus Ihrem Leben machen werden, und stattdessen Ihre Kinder nerven.

→ Ihr Chef jünger ist als Sie.

→ Ihr Arzt jünger ist als Sie.

→ Sie Ihr erstes Paar Gesundheitsschuhe kaufen.

→ Sie keinen Schimmer haben, wer die Leute in dem Klatschmagazin im Wartezimmer Ihrer Kosmetikerin/Schönheitsklinik sind, ganz zu schweigen davon, warum Millionen Menschen Geld dafür ausgeben, um über sie zu lesen.

→ Sie alle unter dreißig als »junge Leute« bezeichnen.

Welche Midlife-Crisis?

Im Jahr 2002 löste U2-Star Bono nicht nur unter den Musikindustrie-Insidern, sondern auch unter den Klatschkolumnisten ein kleines Beben aus: Der Text seines neuen Songs »New York« schien anzudeuten, dass sich der Menschenrechtsaktivist und Sänger tatsächlich in der Midlife-Crisis befand. Dafür sprachen vor allem die Zeilen ab »Still I'm staying on to figure out my mid life crisis«: »Ich versuche immer noch, meine Midlife-Crisis zu verarbeiten. Ich habe einen Eisberg gerammt, aber ich halte mich noch über Wasser.« War dies tatsächlich das offene, ehrliche Eingeständnis eines Mannes, dass er mit Problemen zu kämpfen hatte? Bono wiegelte sofort ab. Dem Q *Magazine* erklärte er: »Jeder, der mich kennt, weiß, dass ich meine Midlife-Crisis schon mit siebenundzwanzig hatte.«

Die Kosten der Midlife-Crisis

Für alle Männer in den Dreißigern und Vierzigern haben wir ein paar ernüchternde Informationen zusammengetragen, die sie hoffentlich davon abhalten werden, sich kopfüber in die Midlife-Crisis zu stürzen. Haben Sie sich jemals überlegt, wie teuer es werden kann, wenn Sie versuchen, Ihre Jugend zu neuem Leben zu erwecken? Dieser Untersuchung zufolge geben Männer zwischen dreißig und neunundvierzig jedes Jahr durchschnittlich dreißig Milliarden Euro aus, um ihrem Alter zu entfliehen:

Traumurlaube	13,4 Milliarden Euro
Coole, überflüssige Geräte	3,0 Milliarden Euro
Beautyprodukte	2,9 Milliarden Euro
Modische Klamotten	2,8 Milliarden Euro
Fit halten	2,6 Milliarden Euro
Autos, Motorräder	1,8 Milliarden Euro
Mit Jüngeren in angesagten Bars abhängen	1,3 Milliarden Euro
In der Popmusik auf dem Laufenden bleiben	1,2 Milliarden Euro
Viagra usw.	550,0 Millionen Euro
Schönheitsoperationen	450,0 Millionen Euro
GESAMT	30,0 Milliarden Euro

Wer also um jeden Preis an seiner ranken, schlanken Jugend festhalten möchte, sollte vorher sicherstellen, dass zumindest die Brieftasche auf Dauer fett genug ist.

Blick zurück im Zorn

Bruce Robinsons semi-autobiografischer Film *Withnail and I*, ein cineastischer Geheimtipp, beschreibt eine Woche im Leben zweier ständig betrunkener, arbeitsloser Schauspieler, die kurz vor dem Absturz in die Dreißiger beziehungsweise in die Versenkung stehen. Der Film wurde zum Kult unter britischen Studenten und allen »Spätjugendlichen« und bietet einen Reigen komisch-schräger Szenen.

Bevor die beiden »versehentlich in die Ferien« fahren, besuchen sie Withnails Onkel Monty, einen korpulenten älteren Herren, der sich nostalgisch an seine eigenen hochtrabenden Jugendträume erinnert. Bei einem bis fünf Glas Sherry lamentiert er: »Ach, es bleibt mir kaum mehr als alter Wein und die Erinnerung ... die wohl niederschmetterndste Erfahrung im Leben eines jungen Mannes ist es, eines Morgens aufzuwachen und sich eingestehen zu müssen: ›Ich werde niemals mehr den Hamlet spielen.‹ Die Erkenntnis dieses Augenblicks bedeutet das Ende aller Illusionen ...«

Sie sind endgültig erwachsen geworden, wenn ... Sie sich in den verwünschten Vierzigern wiederfinden

Kommt Ihnen das Leben nicht mehr ganz so aufregend vor, seit Sie vierzig geworden sind? Oder sind Sie noch in den Dreißigern und verfallen in spastische Zuckungen, sobald irgendwer von Ihrem vierzigsten Geburtstag spricht? Wenn ja, dann tröstet Sie vielleicht der Gedanke, dass Sie damit nicht allein sind. Eine in siebenundzwanzig Ländern der Erde durchgeführte Studie hat ergeben, dass sich auf der ganzen Welt die Menschen davor fürchten, vierzig zu werden. Es sieht so aus, als würden wir, in welcher Kultur wir auch leben, nach der großen Geburtstagsfeier in ein tiefes Loch stürzen; dabei kullern wir in Wahrheit nur ein paar Jahre lang abwärts in die Talsohle einer U-förmigen Glücks- beziehungsweise Unglückskurve.

»Die Vierziger sind, vereinfacht gesagt, die Depri-Dekade«, schließt Andrew Oswald, ein Wirtschaftsprofessor an der Universität von Warwick. Was irgendwie auch aufmunternd ist.

In Würde altern

Viele Frauen fürchten den Morgen, an dem sie sich »jenseits der dreißig« wiederfinden. Dabei hat die Krimiautorin Agatha Christie, Schöpferin der beliebten Detektivfiguren Miss Marple und Hercule Poirot, längst einen neuen Weg gefunden, dem Problem des Älterwerdens zu begegnen.

Im Alter von vierzig Jahren und nach einer gescheiterten ersten Ehe mit dem treulosen Flieger Archie Christie vermählte sich Agatha mit einem Archäologen. »Ein Archäologe ist der beste Ehemann, den sich eine Frau nur vorstellen kann«, verkündete sie. »Je älter sie wird, desto interessanter wird sie für ihn.«

Was passiert, wenn ein Mann die vierzig überschreitet

→ Nichts lässt ihn so vor Angst schlottern wie der Anblick einer Tanzfläche.

→ Er fängt an, Gemüsesaft zu trinken, und richtet sich im Keller ein Fitnessstudio ein.

→ Er streitet sich mit jedem Schiedsrichter, jedem politischen Kommentator und jedem Quizkandidaten im Fernsehen. Und er hat immer recht.

→ Seine Kollegen haben keine Hemmungen mehr, Viagrawitze zu reißen.

→ Er macht sich insgeheim Sorgen, dass seine Kollegen mit dem Viagra recht haben könnten.

→ Er macht sich über jeden Teenie mit Kapuzenpulli lustig, wechselt aber für alle Fälle trotzdem die Straßenseite.

→ Er fängt an, E-Gitarre zu lernen ...
   - ... und Taekwondo. Zumindest bis er sich den großen Zeh bricht.

→ Er bekommt einen Anfall, wenn jemand von ›emotionalem Aufbruch‹ spricht.

→ Cluedo ist sein neues Kokain.

→ Er möchte jedem eine reinhauen, der »Ey, Alter« sagt.

Sie sind nicht allein

Wenn Sie die Angst vor Ihrem vierzigsten Geburtstag nachts nicht mehr auf Ihrer Mehrzonen-Kaltschaummatratze schlafen lässt, dann trösten Sie sich einfach mit dem Gedanken, dass Millionen vor Ihnen das gleiche Trauma durchleben mussten. Wobei sich die Menschen diesem Tag auf ganz individuelle Weise stellen.

Während Jennifer Aniston dem *People Magazin* weismachen wollte, sie »freue sich wahnsinnig«, die Jugendsünden hinter sich lassen zu können – »Ich wünschte, ich wäre schon so schlau gewesen, als ich dreißig wurde!« –, gab Daniel Craig zu, dass ihm der vierzigste Geburtstag weniger bedeutete, als er gedacht hatte. Allerdings könnte der mangelnde Enthusiasmus von 007 damit zu tun haben, dass er an seinem Geburtstag mit einem massiven Kater erwachte: »Das war kein schöner Anblick.«

Manche nutzen den Eintritt ins neue Lebensjahrzehnt auch, um endlich der grausamen oder auch grausigen Wahrheit ins Auge zu blicken. So stellte etwa der *Top-Gear*-Moderator Jeremy Clarkson entsetzt fest: Er war »vierzig, unglaublich hässlich, ein kolossaler Langweiler und geldgeil wie ein Verkäufer im Handyladen.«

Doch selbst wenn man philosophisch an die Sache herangeht – an einer Erkenntnis kommt niemand vorbei: Je älter wir werden, desto weniger haben wir vom Leben zu erwarten. Und das gilt für die banalsten Dinge.

Wer im Schnitt einmal im Jahr im Ausland Urlaub macht, hat ab dem vierzigsten Geburtstag nur noch um die fünfunddreißig Urlaubsreisen gut. Da bekommt jeder einzelne vertrödelte Regentag ein ganz neues Gewicht. Und damit nicht genug – diese Erkenntnis macht nicht mal vor dem Obstkauf Halt: Bei zwei Bananen pro Woche bleiben statistisch gesehen noch knapp dreitausendsechshundert Bananen bis ans Lebensende, und darum birgt jede matschige Banane eine bittersüße Enttäuschung, die Sie mit neunzehn einfach noch nicht schmecken konnten.

Auf der Zielgeraden

Harry und Sally, die von Nora Ephron verfasste und von Rob Reiner verfilmte Liebesgeschichte, erzählt, wie sich zwei füreinander bestimmte Menschen von störrischen Studenten zu gereiften Persönlichkeiten entwickeln. Der Film steckt voller witziger Bemerkungen übers Älterwerden, aber der schönste Wortwechsel ist und bleibt dieser:

Sally: »Es dauert nicht mehr lange, und ich werd vierzig!«

Harry: »Wann?«

Sally: »Irgendwann!«

Harry: »In acht Jahren!«

Sally: »Aber genauso ist es! Die vierzig lauern auf mich in einer dunklen Sackgasse! Und das ist der Unterschied zu euch Männern. Charly Chaplin hat noch Kinder bekommen, da war er schon dreiundsiebzig!«

Harry: »Aber er war zu schwach, sie noch auf den Arm zu nehmen!«

Das Rad zurückdrehen

Ein Mann fragt seine Frau: »Was wünschst du dir am meisten zu deinem vierzigsten Geburtstag?«

Sie antwortet: »Ich weiß, das ist unmöglich, aber ich sehne mich nach der Sechsunddreißig zurück.«

Der Mann wundert sich zwar, aber er liebt seine

Frau über alles, und so hat er am Morgen ihres vierzigsten Geburtstages alles vorbereitet: Er hat genau den gleichen Kuchen gebacken wie vor vier Jahren und ihn mit sechsunddreißig Kerzen bestückt. Dann schenkt er ihr, genau wie zu ihrem sechsunddreißigsten Geburtstag, einen Armreif und einen Toaster.

Er hat ihre gesamte Verwandtschaft instruiert, ihr nur zum sechsunddreißigsten Geburtstag zu gratulieren, und abends gehen sie in dasselbe Restaurant wie damals, wo er für beide wieder Rinderbraten mit Rotwein bestellt.

Ich bin nicht vierzig, ich bin achtzehn mit zweiundzwanzig Jahren Erfahrung.

Anonym

Schließlich kommen die beiden wieder nach Hause und gehen ins Bett. Er beugt sich zärtlich zu ihr, streicht ihr die Haare aus dem Gesicht und fragt: »Und wie ist es, wieder sechsunddreißig zu sein?«

Einen Moment ist sie still. Dann seufzt sie leise und gesteht: »Ehrlich gesagt meinte ich damit meine Kleidergröße …«

Unerwünschte Wahrheiten

Zum vierzigsten Geburtstag seiner Frau bestellt ein Mann eine mehrstöckige Torte. Die Inschrift soll lauten: »Du wirst nicht älter. Du wirst nur besser.«

Der Bäcker fragt ihn, wo er die Inschrift platzieren soll. Der Mann erklärt ihm: »Am schönsten fände ich ›Du wirst nicht älter‹ oben, und ›Du wirst nur besser‹ unten.«

Erst als der Kuchen auf der Party vor allen Freunden und Verwandten aus der Küche gerollt wird, liest der Mann die Inschrift: »DU WIRST NICHT ÄLTER OBEN, DU WIRST NUR BESSER UNTEN.«

Ein ernüchternder Gedanke

Ist Ihnen schon mal aufgefallen, dass die römischen Ziffern für vierzig »XL« lauten?

Sie sind endgültig erwachsen geworden, wenn … Ihre Lust in die Jahre kommt

Wenn Sie glauben, dass Ihre Libido nach Ihrem dreißigsten Geburtstag in einen komatösen Tiefschlaf verfällt und nur die Twens mit ihren tadellos getönten Teints und getunten Taillen wirklich wilden Sex haben können, haben Sie sich geschnitten. Auch wenn es die meisten Menschen nicht glauben, haben die »Erwachseneren« unter uns den wilderen, hemmungsloseren, heißeren und leidenschaftlicheren Sex. Ein Hoch auf das Alter!

Befragungen in aller Welt zeigen immer wieder, dass der Sex in den Vierzigern nicht zu schlagen ist; vor allem Frauen zwischen vierzig und fünfzig haben öfter Lust auf Sex als ihre jüngeren Geschlechtsgenossinnen. Oder wie es ein Comedian treffend ausdrückte: »Frauen erreichen den Höhepunkt ihrer sexuellen Aktivität nach fünfunddreißig Jahren. Männer ihren nach vier Minuten.«

Danke, aber nein danke

Der Filmstar Tony Curtis erklärte sich einst bereit, an einem Preisausschreiben unter dem Motto »Gewinne ein Wochenende mit Tony Curtis« teilzunehmen. »Ich war der erste Preis«, erinnert er sich. »Die Frau, die mich gewann, war sichtlich enttäuscht. Sie hatte auf den zweiten Preis gehofft: einen neuen Herd.«

Therapeutisches Gärtnern

Ein englischer Gärtner entdeckte eine ganz neuartige Methode, sein Geschäft anzukurbeln: Er schaltete eine Anzeige, dass er, falls gewünscht, auch nackt arbeiten würde. Sein Telefon steht seither nicht mehr still, unzählige mittelalte Hausfrauen wünschen, dass er ihren Garten beackere oder ihr Gebüsch stutze. Das Ausziehen lässt sich der dreiunddreißigjährige Gärtner dabei extra bezahlen – und macht damit einen Großteil seiner Umsätze.

»Sie laden ihre Freundinnen ein, dann höre ich sie kichern, und ständig wird durch die Vorhänge geschielt. Mich stört es nicht, nackt zu arbeiten. Ohne Kleider fühlt man sich viel freier und ungehemmter. Allerdings muss ich höllisch aufpassen. Schließlich arbeiten wir mit elektrischen Geräten, da droht immer Gefahr.«

Das tägliche Brot

Der vierzigjährige Paul sitzt mit seinem Freund auf einer Parkbank. Irgendwann fasst er sich ein Herz und fragt seinen Kumpel, wie es um dessen Sexleben steht. Der andere prahlt, dass er sich nicht über mangelnde Gelegenheiten beklagen könne, außerdem stände bei ihm noch immer alles stramm. Verlegen offenbart Paul seinem Freund, dass sein sexueller Appetit in letzter Zeit stark nachgelassen habe, und fragt ihn, ob er vielleicht einen Tipp für ihn hätte.

»Klar«, sagt dieser. »Ich esse ausschließlich Roggenbrot. Das ist mein Geheimnis. Wenn du ab heute nur noch Roggenbrot isst, wird dein Sexleben bald wieder so sein wie früher.«

Paul beschließt, dem Rat zu folgen, und sucht sofort die nächste Bäckerei auf. Dort verlangt er ein Roggenbrot.

Der Bäcker fragt: »Soll ich Ihnen den Laib aufschneiden?«

Paul sieht den Bäcker verdattert an und fragt: »Macht das denn einen Unterschied?«

»Aufgeschnitten wird er schneller hart«, sagt der Bäcker.

Paul ist fassungslos. »Wie kommt es, dass jeder Bescheid weiß, nur ich nicht?«

Sie können sich einfach nicht mehr stundenlang im Bett vergnügen – jedenfalls nicht mehr, ohne dass Sie einen Bandscheibenvorfall riskieren.

Geoffrey Wansall

Nicht gleich das Handtuch werfen

Ein Mann von Mitte vierzig heiratet eine jüngere Frau, muss aber feststellen, dass sie im Bett keinen Orgasmus bekommt, sosehr er sich auch bemüht. Er bespricht das Problem mit seinem Arzt. Der Arzt schlägt ihm vor, es einmal mit »visueller Stimulation«

zu versuchen. Der Mann bestellt sich also einen jungen, durchtrainierten Callboy, der nackt in der Ecke stehen und einen riesigen Palmwedel schwenken soll, während sich das Paar vergnügt. Trotzdem bekommt die Frau keinen Orgasmus.

Enttäuscht geht der Mann wieder zum Arzt. Diesmal bekommt er den Rat, die Rollen zu tauschen: Der Callboy soll mit der Frau schlafen, während der Mann mit der Palme wedelt.

> Wirklich erwachsen ist ein Mann, wenn er das Licht eher aus ökonomischen als aus romantischen Gründen löscht.
>
> *Lillian Gordy Carter*

Der Mann kehrt pflichtbewusst nach Hause zurück, um den Ratschlag seines Arztes in die Tat umzusetzen. Und tatsächlich, schon nach kurzer Zeit versinkt seine Frau in den Wogen ihrer Lust und bekommt einen mächtigen Orgasmus.

Da springt der Mann aus seiner Ecke, packt den Callboy an der Schulter und ruft triumphierend: »Siehst du, *so* musst du wedeln!«

Wenn alles ins Rollen kommt

Ein älterer Lkw-Fahrer hat das Glück, mit einer Sexbombe verheiratet zu sein, die halb so alt ist wie er. Während der Flitterwochen muss er jedoch feststellen, dass er nicht lang genug durchhält, um seine junge Braut zum Höhepunkt zu bringen. Natürlich ist ihm das schrecklich peinlich. Obwohl ihm die Frau versichert, dass das nicht schlimm sei, geht er nach der Heimreise sofort zu seinem Arzt, um Hilfe zu suchen.

»Herr Doktor«, sagte er, »ich habe eine sexy junge Frau, aber wenn wir uns lieben, komme ich jedes Mal so schnell, dass ich sie nie zum Höhepunkt bringen kann. Kann ich etwas dagegen tun?«

Der Arzt nickt wissend, tätschelt ihm den Rücken und sagt: »Versuchen Sie zu masturbieren, bevor Sie das nächste Mal mit Ihrer Frau ins Bett gehen. Ich verspreche Ihnen, dann werden Sie länger durchhalten und Ihre Frau absolut zufriedenstellen.«

Der Lkw-Fahrer nimmt sich fest vor, selbiges auszuprobieren. Auf der Heimfahrt ruft ihn seine Frau auf dem Handy an und erklärt ihm, dass sie schon ganz heiß sei und ihm die Kleider vom Leib reißen werde, sobald er durch die Tür tritt.

Damit ist klar, dass er den Rat des Arztes sofort in die Tat umsetzen muss. Aber wo soll er das tun? Irgendwo in einem Gebüsch? Zu gefährlich. Auf der Toilette einer Raststätte? Zu eklig. Er weiß, dass ihm nicht mehr viel Zeit bleibt. Dann kommt ihm eine Idee. Er fährt auf einen Parkplatz, legt sich dort unter den Lkw, tut so, als würde er den Auspuff inspizieren, und geht dort seinem Vorhaben nach.

Kurz darauf liegt er mit fest geschlossenen Augen unter seinem Laster und stellt sich gerade seine nackte junge Frau vor, als er merkt, wie ihn jemand am Hosenbein zieht. Weil er sich nicht aus seiner Fantasie bringen lassen will, lässt er die Augen geschlossen und fragt: »Was wollen Sie?«

»Ich bin Polizist. Können Sie mir sagen, was Sie da tun?«

»Aber natürlich«, erwidert der Mann in tiefster Überzeugung. »Ich inspiziere den Auspuff meines Lkw.«

»Vielleicht sollten Sie auch mal die Bremsen inspizieren. Ihr Lkw ist nämlich vor ein paar Minuten den Hügel hinuntergerollt.«

Heißer Abend

Promikoch Jamie Oliver weiß, wie wichtig die richtige Würze in der Ehe ist. Nicht nur, dass er regelmäßig zu Hause kocht, einmal nahm er sich am Valentinstag vor, seiner Frau, der hinreißenden Jools, ein in jeder Hinsicht heißes Dinner zu servieren. Er bereitete einen köstlichen Braten zu und servierte das Essen splitterfasernackt.

Leider erfuhr der selbsternannte »Nacktkoch« dabei am eigenen Leib, wie wichtig es ist, beim Candlelight-Dinner die Kleiderordnung zu beachten: Er verbrannte sich sein »Würstchen mit Ei« an der Ofentür.

»Damit war der Abend eindeutig ruiniert«, gestand Oliver später. »Und die Nacht auch.«

Bockender Bronco

Der kleine Ben muss nachts aufs Klo. Als er auf dem Rückweg am Schlafzimmer seiner Eltern vorbeikommt, hört er wildes Stöhnen und Schnaufen. Er streckt den Kopf durch die Tür und sieht seine Eltern beim Liebesspiel. Bevor sein Dad auch nur einen Ton sagen kann, ruft Ben: »Juchu! Pferdchen reiten! Darf ich auf deinen Rücken, Papi?«

Erleichtert, dass sein Sohn keine peinlichen Fragen stellt, erlaubt ihm der Vater, auf seinen Rücken zu klettern, und macht dann einfach weiter. Wenig später beginnt die Mutter immer heftiger zu keuchen.

Da ruft der Kleine: »Jetzt halt dich gut fest, Papi! Hier wird der Briefträger jedes Mal abgeworfen!«

Mach mir den Briefmarkensammler!

Ein Mann und eine Frau in den Vierzigern lernen sich kennen, verlieben sich ineinander und beschließen zu heiraten. Als sie in der Hochzeitsnacht ins Schlafzimmer gehen, sagt die Braut zu ihrem frischgebackenen Gemahl: »Bitte versprich mir, dass du ganz vorsichtig bist. Ich bin noch Jungfrau.«

Verdattert sagt ihr Mann: »Wie geht das denn? Du warst doch schon dreimal verheiratet?«

Die Braut antwortet: »Ach, das kann ich dir erklären: Mein erster Mann war Psychologe, der wollte immer nur reden. Mein zweiter Mann war Frauenarzt, der wollte mich immer nur anschauen. Und mein dritter Mann war Briefmarkensammler, und der wollte immer nur ... ach, er fehlt mir so!«

Hoch die Tassen!

Wenn männliche Schauspieler in ein gewisses Alter kommen, drängt es sie oft, der Welt zu beweisen, dass sie den Frauen immer noch den Kopf verdrehen. Eine Turbodiät und ein gnadenloses Fitnessprogramm später fühlen sie sich wieder imstande, den jugendlichen Liebhaber zu spielen, und hoffen dabei auf möglichst viele dampfige Badezimmerszenen. Ein anderes beliebtes Mittel sind Nacktfotos.

Doch als David Duchowny, der Star aus *Akte X*, nackt für ein US-Magazin posieren sollte, bekam er im letzten Moment Angst vor der eigenen Courage und griff nach dem erstbesten Objekt in Reichweite, um seine Männlichkeit zu bedecken. Dabei erwischte er ausgerechnet ein winziges Zier-Teetässchen.

Seine Frau Téa Loni fand das gar nicht komisch und erklärte ihrem Mann, er sei »ein Vollidiot«. Vor allem aber schwor sie, wie David später enthüllte, »nie wieder aus dieser Tasse zu trinken!«

Weibliche Reize

Während ihres ersten Midlife-Schubs war Barbra Streisand bekannt und berüchtigt für ihre Versuche, in die amerikanische Außenpolitik einzugreifen, und ihre unkonventionellen diplomatischen Bemühungen blieben nicht unkommentiert. So erklärte der ehemalige Außenminister Henry Kissinger später: »Sie hat mich eindeutig ausgestochen … Hätte ich Slobodan Milosevic mit den Worten begrüßen können: ›Hallo, Süßer?‹ Hätte ich mit meinen manikürten Fingern an seine Schläfen schnippen und sagen können: ›In meinem Land haben die mächtigen Männer nur selten so dichtes Haar‹? Ich glaube nicht.«

Sie sind endgültig erwachsen geworden, wenn … Ihre Augen auf Wanderschaft gehen

Irgendwann trifft es fast jeden von uns: Sie haben den perfekten Partner, ein hübsches Heim, einen annehmbaren Job und ein paar wohlgeratene Kinder. Dann, eines Tages – gewöhnlich irgendwann zwischen dem fünfunddreißigsten und fünfundvierzigsten Geburtstag – wachen Sie auf, und plötzlich finden Sie Ihren Job öde, die Kids sind größer als Sie und tun nur noch, was sie wollen, Sie haben keine Lust mehr, jedes Wochenende an Ihrem Haus herumzubasteln, und auch Ihr Partner zeigt definitiv Abnutzungsspuren. Dazu kommt, dass Ihr Haar dünner wird und Ihre Taille dicker und dass Sie seit Neuestem im Pyjama schlafen. Kurz gesagt: Es sieht nicht gut aus.

Ich bin stolz auf meine Falten. Sie sind das Leben in meinem Gesicht.

Brigitte Bardot

Was also unternehmen Sie dagegen? Laut einer kürzlich durchgeführten Untersuchung beschließen fast fünfzig Prozent der Menschen irgendwann zwischen fünfunddreißig und fünfundsechzig, ganz neu anzufangen. Manche schießen dafür ihre Arbeit, ihr Haus oder ihre Ehe in den Wind, während andere in außerehelichen Affären Erfüllung suchen.

Upgrade

Der Journalist Geoff Wolinetz hat die, ähem, richtige Idee: »Ich werde ein Mädchen heiraten, das heute superniedlich aussieht, aber schon nach ein paar Jahren fett und hässlich wird«, schrieb er einst. »Auf diese Weise wird meine zukünftige Exfrau, nachdem ich sie erst gegen eine deutlich jüngere und heißere Freundin eingetauscht habe, noch schlechter gegen die Neue abschneiden. Wenn du was von deiner Midlife-Crisis haben willst, brauchst du um jeden Preis ein Upgrade.«

Und wie mich meine Frau versteht!

Zur Silberhochzeit sagt der Mann zu seiner Frau: »Liebling, vor fünfundzwanzig Jahren haben wir in einer heruntergekommenen Mietwohnung gewohnt, einen billigen, klapprigen Kleinwagen gefahren, in einem Klappbett geschlafen und nur einen altersschwachen Schwarzweißfernseher besessen, aber jeden Abend durfte ich mit einer fünfundzwanzigjährigen Blondine schlafen. Jetzt haben wir eine Villa auf dem Land, zwei schicke Autos, ein riesiges Doppelbett und einen Plasma-Fernseher, aber dafür muss ich jeden Abend neben einer Fünfzigjährigen liegen. Irgendwie finde ich das Leben nicht fair.«

Seine Frau lächelt ihn zuckersüß an und antwortet: »Zieh nur los, und such dir eine nette, junge, sexy fünfundzwanzigjährige Blondine. Ich sorge währenddessen dafür, dass du das heruntergekommene Apartment, den billigen Wagen, das Klappbett und den Schwarzweißfernseher zurückbekommst.«

Nachtwesen

Jüngst wurde eine Umfrage durchgeführt, warum Männer nachts aufstehen:

→ 5 % erklärten, Sie wollten ein Glas Wasser trinken.

→ 12 % erklärten, sie müssten auf die Toilette.

→ 83 % erklärten, sie gingen nach Hause.

Virtueller Ehebruch

Der vierzigjährige David Pollard und seine Frau Amy, die sich in einem Internet-Chat kennengelernt hatten, waren begeisterte Fans des Internetspiels *Second Life*, in dem die Spieler virtuelle Charaktere erschaffen und diese dann in einer virtuellen Welt mit virtuellen Jobs, Häusern, Beziehungen und Kindern leben lassen. Davids Alter Ego hieß Dave Barmy, seine Frau war als DJ Laury Skye unterwegs. Das echte Paar heiratete auf einem Standesamt in Cornwall, während sich ihre Avatare das Ja-Wort bei einer virtuellen und deutlich nobleren »Märchenhochzeit« gaben, die nach dem Vorbild von David und Victoria Beckhams Vermählung ausgerichtet war.

Leider Gottes war die Ehe der echten Pollards kein solcher Märchentraum. Als Amy ein paar Monate später online ging, musste sie zu ihrem Entsetzen entdecken, dass sich der Online-Charakter ihres Gemahls mit einer anderen weiblichen Spielfigur vergnügte.

»Ich habe Dave dabei erwischt, wie er mit einer Frau auf unserem Sofa rummachte«, sagte sie. »Die beiden sahen wirklich verliebt aus. Ich wurde sauer – und ich war zutiefst verletzt. Ich hätte nie gedacht, dass er zu so was fähig wäre. Ich hab auf den Computerbildschirm geschaut und gesehen, dass er Sex mit einem weiblichen Avatar hat. So wie ich das sehe, hat er mich damit betrogen.«

Wie nicht anders zu erwarten, reichte Amy die Scheidung ein. Als Begründung gab sie an, dass sie David zweimal dabei ertappt habe, mit einer virtuellen Frau Ehebruch zu begehen.

Ihre Anwältin war nicht überrascht. Offenbar war es schon die zweite Scheidung in dieser Woche, die mit Second Life zu tun hatte.

Der perfekte Ehemann

Ein Mann wacht eines Morgens mit dem schlimmsten Kater der Weltgeschichte auf. Während er vergeblich versucht, sich den letzten Abend in Erinnerung zu rufen, schlägt er die Augen auf und sieht ein Päckchen Aspirin und ein Glas Wasser auf dem Nachttisch stehen.

Er sieht sich um und stellt fest, dass seine Anziehsachen ordentlich zusammengefaltet auf einem Stuhl liegen, gekrönt von einem sauberen, frisch gebügelten Hemd. Das Schlafzimmer ist aufgeräumt, und auf dem Kissen neben seinem liegt ein Zettel, auf dem steht: »Schatz, dein Frühstück steht in der Küche bereit. Ich liebe dich.«

Wenn ich mal sterbe, dann soll das an meinem hundertsten Geburtstag in meinem Haus am Strand von Maui sein, und mein Mann ist danach so fertig, dass er das College abbrechen muss.

Roz Frasier

Unten warten warme Croissants, ein frisch gepresster Orangensaft und eine Kanne starken Kaffees auf ihn – und sein siebzehnjähriger Sohn, der gerade zur Schule will.

»Sag mal, Junge«, fragt der Mann seinen Sohn, »was ist gestern Abend eigentlich passiert?«

»Na ja«, bekommt er erklärt, »du bist so betrunken nach Hause gekommen, dass du kaum noch gewusst hast, wie du heißt. Erst hast du es nicht geschafft, die Haustür aufzuschließen, dann hast du dich auf den Teppich übergeben, danach hast du das Regal umgeworfen, und als Mama dich beruhigen wollte, hast du sie für eine Polizistin gehalten und ihr ein blaues Auge geschlagen.«

»Mein Gott!« Der Mann ist entsetzt. »Aber wieso liegen dann meine Anziehsachen bereit, das Haus ist wieder blitzblank, und ich bekomme so ein Frühstück serviert?«

»Als Mama dich ins Schlafzimmer schaffen und dir die Hosen ausziehen wollte, hast du sie angebrüllt: ›Nimm sofort deine Finger weg, du Schlampe, ich bin glücklich verheiratet!‹«

Gefangener der Liebe

Eine Texanerin wacht mitten in der Nacht auf und stellt fest, dass ihr Mann nicht neben ihr im Bett liegt. Im Zimmer ist es still, aber unten im Haus hört sie ein gedämpftes Geräusch.

Sie geht ins Erdgeschoss, kann ihren Mann aber nirgendwo finden. Sie lauscht noch mal, und diesmal ist sie überzeugt, ein leises Stöhnen zu hören. Sie folgt dem Geräusch in den Keller und sieht ihren Mann zusammengekauert in einer Ecke hocken, eine Wange an die Wand gepresst.

»Was ist denn los?«, fragt sie ihn.

»Weißt du noch, wie uns dein Vater erwischt hat,

als du sechzehn Jahre alt warst?«, schluchzt er. »Und weißt du noch, wie er gesagt hat, ich hätte die Wahl: Entweder heirate ich dich, oder ich verbringe die nächsten zwanzig Jahre im Gefängnis?«

»Ja, ich weiß«, sagt sie verwirrt. »Und?«

»Heute wäre ich freigekommen.«

Was die meisten als Tugend betrachten, ist im Alter von vierzig Jahren schlicht ein Verlust an Tatkraft.

Voltaire

Freud'scher Versprecher

Der Legende zufolge besuchte Sigmund Freud auf einer Reise in die Vereinigten Staaten auch seinen Kollegen Carl Jung.

Freud vertraute Jung an, dass er seit seiner Ankunft in Amerika von erotischen Träumen geplagt werde, die vermutlich durch das provokante Äußere mancher amerikanischer Frauen ausgelöst würden. Er beichtete seinem Freund: »Ich träume von Prostituierten.«

Jung, der sich zuvorderst als Psychologe und danach erst als Freund sah, riet Freud, das Problem mit den Mitteln der Psychoanalyse zu lösen, und schlug ihm vor: »Warum unternimmst du nichts dagegen?«

Freud war entrüstet: »Aber ich bin verheiratet!«

Mathematik und Logik

Ein Geschäftsmann schickt seiner Frau ein Fax:

Liebe Gemahlin,

Du verstehst sicherlich, dass ich gewisse Bedürfnisse habe, die Du mit Deinen vierundvierzig Jahren nicht mehr befriedigen kannst. Trotzdem bin ich sehr glücklich mit Dir und schätze Dich als Ehefrau. Deshalb hoffe ich, dass Du es nicht falsch auffassen wirst, wenn ich Dir hiermit mitteile, dass ich gerade mit meiner achtzehnjährigen Sekretärin im Hotel Night Inn bin. Aber bitte mach Dir keine Sorgen. Ich werde vor Mitternacht wieder zu Hause sein.

Als der Mann nach Hause kommt, findet er auf dem Tisch eine Notiz:

Mein lieber Gemahl,

ich habe Dein Fax erhalten und danke Dir sehr für Deine Offenheit. Bei dieser Gelegenheit möchte ich Dich daran erinnern, dass Du inzwischen ebenfalls vierundvierzig Jahre alt bist. Gleichzeitig möchte ich Dich darüber informieren, dass ich momentan mit meinem achtzehnjährigen Tennislehrer Michel im Hotel Fiesta bin. Als erfolgreicher Geschäftsmann und mit Deinen exzellenten Kenntnissen in Mathematik verstehst Du natürlich, dass wir in der gleichen Situation sind ... jedoch mit einem kleinen Unterschied: ›18 geht öfter in 44 als 44 in 18‹ ... Darum brauchst Du vor morgen früh nicht mit mir zu rechnen!

Einen dicken Kuss von Deiner Frau, die Dich wirklich versteht ...

Barbie-Puppe

Ein Mann geht ins Spielwarengeschäft und will seiner Tochter eine Barbie-Puppe kaufen.

Die Verkäuferin führt ihn an ein Regal und erklärt: »Da hätten wir verschiedene Modelle:

›Barbie in der Schule‹ für 27,95 Euro,

›Barbie beim Camping‹ für 27,95 Euro,

›Barbie heiratet‹ für 27,95 Euro,

›Barbie beim Shopping‹ für 27,95 Euro,

›Barbie am Strand‹ für 27,95 Euro

und ›Barbie ist geschieden‹ für 527,95 Euro.«

Sofort unterbricht sie der Mann: »Wie bitte, *wie* teuer war das letzte Modell?«

Die Verkäuferin: «Das war ›Barbie ist geschieden‹ für 527,95 Euro.«

Der Mann: »Warum kostet diese Barbie denn ganze fünfhundert Euro mehr als die anderen?«

Die Verkäuferin: »Na ja, bei ›Barbie ist geschieden‹ gibt es jede Menge Zubehör dazu: Kens Haus, Kens Auto, Kens Motorrad, Kens Stereoanlage …«

Statt noch einmal zu heiraten, suche ich mir lieber eine Frau, die ich nicht leiden kann, und überschreibe ihr einfach mein Haus.

Rod Stewart

Böser Billy Bob

Billy Bob Thorntons zweijährige Ehe mit Angelina Jolie verlief ziemlich stürmisch. Billy Bob, noch nie ein großer Fan der Monogamie, erwies sich als Serienehebrecher und betrog die schöne Angelina mit zahllosen anderen Frauen. Nicht einmal das eigene Heim war tabu, notfalls ließ er sich auch mit den weiblichen Angestellten des Thornton-Jolie-Haushaltes ein.

Als Angelina ihn schließlich zur Rede stellte, behauptete Thornton, er könne nichts dafür, er sei einfach sexsüchtig. Tatsächlich gab ihm Angelina eine letzte Chance, ihre Ehe zu retten, und schickte ihn zu einer Therapeutin. Mit der Billy Bob umgehend in die Federn stieg.

> Um wieder jung zu sein, würde ich wirklich alles tun, außer Sport zu treiben, früh aufzustehen und mich anständig zu benehmen.
> *Oscar Wilde, Das Bildnis des Dorian Gray*

Französische Liebschaften

Eine außereheliche Affäre im Weißen Haus, in der Londoner Downing Street oder gar im deutschen Kanzleramt würde wochenlang die Schlagzeilen der Zeitungen im ganzen Land beherrschen (man erinnere sich an Bill Clinton).

Nicht so in Frankreich, wo die Presse den zweiundfünfzigjährigen Präsidenten Nicolas Sarkozy dafür feierte, wie er die zur Rockgöre gemauserte, extraordinäre Carla Bruni umwarb.

Streng genommen war es gar kein Ehebruch: Sarkozy hatte sich kurz zuvor einer Highspeed-Scheidung unterzogen. Aber Monsieur le Président zeigte nicht das geringste Interesse an der Diskretion, die andere Staatsoberhäupter in einer ähnlichen Situation walten lassen würden. Im Gegenteil, bei jeder Gelegenheit präsentierte er seine vierzigjährige Trophäe. So posierte er extra für die Fotografen, die das Pärchen schlendernd und küssend an einem ägyptischen Strand erwischten – er in Präsidentenbadehose, sie im schwarzen Winzbikini. Innerhalb weniger Monate waren die beiden verheiratet.

Nun wartet das ganze Land darauf, wie lange der Staatschef seine junge Gemahlin im Zaum halten kann: Bei ihren früheren Affären hat Carla Bruni schon Promi-Ehen zerstört und Familien entzweit. Sie war angeblich der Scheidungsgrund für Mick Jagger und Jerry Hall und trieb einen Keil zwischen den französischen Verleger Jean-Paul Enthoven und seinen Sohn Raphael, indem sie mit beiden eine Romanze begann. Trotzdem blickt Carla mit wahrer »Rien-de-rien«-Größe auf ihre romantische Vergangenheit zurück und erklärte dem *Figaro Madame* im Februar 2007: »Ich bin eine (Männer-)Bändigerin, eine Wildkatze, eine Italienerin – die Monogamie langweilt mich ungeheuer ... Ich bin vor allem mir selbst treu!«

Zum Feste nur das Beste

Ein reicher Mann führt seine Frau zu ihrem vierzigsten Geburtstag in ein Nobelrestaurant aus.

»Und, meine Liebe«, fragt er sie, »was möchtest du zum Geburtstag? Einen Porsche? Einen Pelzmantel? Ein Diamantarmband?«

»Ehrlich gesagt«, bekommt er zur Antwort, »möchte ich nur eins – die Scheidung.«

»Mein Gott!«, entfährt es dem Mann. »So viel wollte ich auch wieder nicht ausgeben!«

Sie sind endgültig erwachsen geworden, wenn ... der schönste Rausch für Sie der Rausch der Geschwindigkeit ist

Porsche-Wahn

Der Zeitpunkt im Leben eines Mannes, in dem er den überwältigenden Drang verspürt, sich ein fettes Motorrad oder einen schnittigen zweisitzigen Sportwagen zuzulegen, fällt gewöhnlich mit der Ankunft der ersten grauen Haare und dem Abschied von der straffen Bauchdecke zusammen. Begleitet wird das frisch erworbene »Höllengeschoss« von einem neuen, trendigen Outfit (grundsätzlich eine Nummer zu eng), einer E-Gitarre und einem albern wirkenden jugendlichen Wortschatz, den der alternde Easy Rider von seinen jüngeren Kollegen übernommen hat.

Sieg der Vernunft

Fast alle Männer verfallen in einen Sportwagenwahn, sobald die Midlife-Crisis sie erwischt. Im Oktober 2002 wollte Arnold Schwarzenegger beweisen, dass er in dieser Beziehung eine echte Ausnahme war – er brachte zur allgemeinen Verblüffung seinen neu gekauften Ferrari Spider zum Autohändler zurück.

Befeuert von politischem Ehrgeiz, aber zweifellos schweren Herzens erklärte Arnold, er müsse sich gut überlegen, was sein Auto seinen potenziellen Wählern sagen sollte. Er erklärte dem Händler: »Ich brauche einen Wagen, der mein Image als Kandidat für den Gouverneursposten in Kalifornien besser transportiert. Einen Wagen, der den Menschen sagt: ›Ich bin einer von euch.‹« Eine bewundernswerte Entscheidung.

Kaum sechs Monate später konnte man den frisch gewählten Gouverneur Schwarzenegger dabei beobachten, wie er in einem eigens für den Straßenverkehr umgebauten österreichischen Panzer über die kalifornischen Highways rollte.

Haben Sie's noch drauf?

Wenn Sie sich plötzlich Sorgen machen, dass Ihre Anziehungskraft abnehmen und das andere Geschlecht Sie nicht mehr wahrnehmen könnte, wenn Sie der überwältigende Drang erfüllt, allen zu zeigen, dass Sie es noch draufhaben … dann wissen Sie, dass das Alter mit voller Wucht zugeschlagen hat. Aber versuchen Sie, nicht so aufzufallen wie die folgenden Menschen zwischen dreißig und fünfzig, die sich von ihrem Jugendwahn in die Irre leiten ließen:

Ein vierunddreißigjähriger Mann aus dem tschechischen Hradec Králové, dem einstigen Königgrätz, übertrieb eindeutig die Lust am Posen, als er in einem gepanzerten, zwölf Tonnen schweren Truppentransporter durch die Straßen seiner Heimatstadt rumpelte. Nachdem im historischen Stadtzentrum nur leichte Autos erlaubt sind, wurde der Mann prompt verhaftet und mit einem Bußgeld belegt. Seine Erklärung? Sein Auto sei kaputtgegangen, und die Läden seien zu weit weg, darum sei ihm nichts anderes übrig

geblieben, als die gigantische – vom tschechischen Militär gekaufte – Kampfmaschine zu nehmen, um Eis für seine nörgelnden Kinder zu holen.

Der dreiunddreißigjährige Alfons Edberg aus Hamburg hingegen tat, was viele Männer seines Alters tun: Auf der Suche nach dem Sinn des Lebens wandte er sich an den Autohändler seines Vertrauens und vereinbarte eine Testfahrt in einem Ferrari 360 Modena. Als Edberg eine schöne Frau am Straßenrand bemerkte, beschloss er, sie mit seinen Fahrkünsten zu beeindrucken. Er drückte das Gaspedal durch, verlor dabei aber dummerweise die Gewalt über den Wagen und krachte nacheinander gegen einen Baum, ein Straßenschild und einen Zaun, bevor er sich und den brandneuen Ferrari um einen Laternenmasten wickelte.

Ewige Jugend

Was zieht die reifen Männer nur so aufs Motorrad? Eigentlich überrascht es nicht, dass der durchschnittliche Harley-Davidson-Besitzer stolze sechsundvierzig Jahre alt ist. 2005 schilderte ein Artikel im englischen *Independent* bissig, wie tief bei den mittelalten Hells Angels die Kluft zwischen wilder Schale und zahmem Kern ist: »Jeden Samstagnachmittag dröhnen gut dreißig Biker auf ihren blitzblank polierten Maschinen heran, parken vorsichtig ein und stolzieren mannhaft ins ... Café. In ihrer Rüstung aus schwarzem Leder, Helm und Handschuh wirken sie wie die letzten wahren Männer. Doch sobald sie die Helme absetzen, verpufft der Mythos. Darunter kommen ausnahmslos dünnhaarige, bebrillte Buchhalter fortgeschrittenen Alters zum Vorschein, die akribisch darauf achten, wo sie ihren Helm unter dem Tisch abstellen, damit er bloß keinen Kratzer abbekommt.«

Angeben für Alte

Ein Mann in einem Trabi hält an einer Ampel neben einem Rolls-Royce. Er beäugt den Rolls bewundernd von oben bis unten, dann kurbelt er das Fenster herunter und ruft: »Hey, nettes Auto! Hast du auch eine

Freisprechanlage da drin? Ich hab nämlich eine in meinem Trabi!«

Der Rolls-Royce-Fahrer lässt sein Fenster nach unten fahren, sieht verächtlich auf den Trabifahrer hinab und antwortet: »Selbstverständlich habe ich eine Freisprechanlage.«

»Super!«, sagt der Trabifahrer. »Und hast du auch einen Kühlschrank? Ich hab hinten einen eingebaut.«

Der Fahrer des Rolls-Royce kann es kaum erwarten, dass die Ampel umspringt, und antwortet gereizt: »Ja, ich habe auch einen Kühlschrank.«

»Fantastisch!«, lobt ihn der Trabifahrer. »Und einen Fernseher? Den hab ich nämlich auch gleich mit eingebaut!«

Der Rolls-Fahrer ist jetzt schon ziemlich genervt und sagt: »Ja, natürlich habe ich auch einen Fernseher in meinem Wagen! Das ist eines der luxuriösesten Automobile der Welt!«

»Echt super«, sagt der Trabifahrer. »Aber was ist mit einem Bett? Ich hab meinen Trabi nämlich mit einem Bett ausgestattet.«

Jetzt geht es voll auf die vierzig zu. Ich spüre das Alter und hab den Ferrari schon bestellt. Ich hol mir das ganze Midlife-Crisis-Paket.

Keanu Reeves

In dem Moment springt die Ampel um, und der Rolls-Fahrer, der kein Bett in seinem Wagen vorweisen kann, bleibt kochend vor Wut in einer blauen Abgaswolke zurück. Er fährt sofort zu seiner Werkstatt und befiehlt, auf der Stelle ein Bett in sein Auto einzubauen. Als er den Wagen wieder abholt, kurvt er unermüdlich durch die Stadt, bis er den Trabi mit beschlagenen Scheiben am Straßenrand parken sieht.

Er steigt aus, klopft ans Fenster des Trabi und verkündet, als der Fahrer den tropfnassen Kopf aus dem Fenster streckt: »Jetzt habe ich auch ein Bett in meinem Rolls!«

Der Trabifahrer sieht ihn fassungslos an und schüttelt den Kopf. »Und *dafür* holst du mich aus der Dusche?«

Autos und Frauen

Eines Tages kommt Gott auf die Erde und sagt zu drei Männern: »Je seltener ihr eure Frauen betrügt, desto größer und schöner werden die Autos sein, die ihr im Himmel bekommt.«

Der erste Mann hat seine Frau siebenundsechzigmal betrogen. Als er in den Himmel kommt, bekommt er immerhin einen Mercedes. Der zweite Mann hat seine Frau bis zu seinem Tod nur zweimal betrogen und darf dafür in einem Ferrari durch den Himmel fahren. Der dritte Mann kommt in den Himmel, erklärt, dass er seine Frau kein einziges Mal betrogen hat, und wird mit einem Rolls-Royce belohnt.

Am dritten Tag im Himmel treffen sich die drei und unterhalten sich darüber, wie es ihnen gefällt. Der

Mercedes- und der Ferrari-Fahrer sind ganz begeistert von den breiten, leeren Straßen. Nur der Rolls-Royce-Fahrer wirkt eigenartig deprimiert. Die anderen fragen ihn, was los ist. Er sagt: »Ach, ich habe gerade meine Frau getroffen.«

»Ja und?«, fragen seine Freunde.

»Sie war auf dem Skateboard unterwegs.«

Bullenjagd

Paul hat sein ganzes Geld für ein Mercedes-Coupé ausgegeben und fährt damit über Land. Das Verdeck ist offen, der Wind weht ihm durchs Haar, und er braust mit hundertdreißig über die Landstraße ... bis er im Rückspiegel ein Blaulicht bemerkt.

»Ihr holt mich sowieso nicht ein«, denkt er bei sich und drückt das Gaspedal durch. Aber das Blaulicht geht nicht weg, selbst als er mit hundertsechzig durch die Kurven jagt.

»Verfluchter Mist, was soll ich nur tun?«, denkt er und fährt resigniert an den Straßenrand. Der Polizist kommt an die Fahrertür und verlangt seinen Führerschein.

»Hören Sie«, sagt der Beamte schließlich. »Ich habe eine anstrengende Schicht hinter mir, und eigentlich will ich nur noch nach Hause. Ich habe überhaupt keine Lust, jetzt noch eine Anzeige aufzunehmen. Wenn Sie mir also einen wirklich guten Grund nennen können, warum Sie fahren wie ein Irrer, lasse ich Sie ziehen.«

»Letzte Woche ist meine Frau mit einem Polizisten durchgebrannt«, antwortet Paul spontan, »und jetzt hatte ich Angst, dass er sie mir zurückbringen will.«

»Ich verstehe«, sagt der Polizist. »Dann noch eine gute Fahrt.«

Zwischen Richt- und Lichtgeschwindigkeit

Im September 1997 wurde Andy Green, ein fünfunddreißigjähriger ehemaliger Kampfpilot der Royal Air Force, offiziell zum schnellsten Menschen der Welt ernannt.

In einem Auto, wohlgemerkt. In seinem *Thrust* SSC, einem eigens dafür entworfenen Fahrzeug mit Raketenantrieb, erreichte Green die unglaubliche Höchstgeschwindigkeit von 1150 km/h. Die Fahrt fand in der Black-Rock-Wüste statt, einem Gebiet in Nevada, das sich durch seine ebene Oberfläche auszeichnet.

Doch Green war keiner, der sich auf seinen Lorbeeren ausruhte. Schon im nächsten Monat saß er wieder im Fahrersitz und brach seinen eigenen Rekord mit einer Geschwindigkeit von 1228 km/h. Durch diese Tat stellte Green nicht nur einen neuen Weltrekord auf, er war damit auch der erste Mensch, der in einem Landfahrzeug die Schallgrenze durchbrach.

Sie sind endgültig erwachsen geworden, wenn ... Sie sich immer öfter im Netz verheddern

Gehören Sie schon einem der sogenannten sozialen Netzwerke an, die allmählich unsere ganze Welt einspinnen? Facebook, Xing, MySpace, Twitter? Die Liste ist endlos. Und dort tummeln sich nicht nur Teenager. So wie es aussieht, stürzen sich vor allem Menschen zwischen dreißig und fünfzig ins Netz.

Soziale Netze fürs »Mittelalter«

Allerdings gibt es dabei ein Problem: Während die Kids dieser Welt jene Dienste nutzen, um ihre alkoholischen und sonstigen Exzesse zu inszenieren und zu präsentieren – hauptsächlich weil sie damit ihre dreihundertdreiundsechzig »Freunde« beeindrucken wollen –, wissen viele ältere Tweeter und Facebooker mit dem Medium noch nicht richtig umzugehen, wie die folgenden Beispiele aus den Twitter-Archiven einiger bekannter und nicht mehr ganz junger Promis beweisen:

Lest meinen Kommentar in der *LA Times* über die notwendigen Reformen, mit denen wir im nächsten Etat Betrügereien und Verschwendung vorbeugen können.
Arnold Schwarzenegger

Mmmmmhmmmmm. Ein Nickerchen und eine Orange. Ich bin wieder im Spiel.
Pink

Weiß jemand ein todsicheres Mittel gegen Zecken? Habe eben 8 aus 1 Hund gezogen. Keines der vom Tierarzt verschriebenen Mittel scheint zu helfen.
Oprah Winfrey

In Helsinki, esse gerade Karotten. Die Party nimmt kein Ende (und eigentlich auch keinen Anfang).
Moby

Komme eben vom Zahnarzt. Gespaltener Backenzahn. Bah.
Stephen Fry

Fünf Anzeichen dafür, dass Sie sich aufführen wie ein mittelalter Facebooker

1. Sie können es kaum erwarten, sich jeden Tag einzuloggen, und führen Freudentänze auf, wenn Ihnen jemand die Freundschaft anbietet.

Dummerweise hat Sie derjenige meistens verwechselt.

2. Sie vergeuden Ihre Zeit mit albernen Spielchen und bringen Stunden damit zu, Vampire zu schleudern, Äcker zu bestellen, Aquarien zu bestücken und virtuell Menschen zu umarmen, die Sie seit über zwanzig Jahren nicht gesehen haben.

3. Als Profilbild haben Sie ein Foto Ihres Kindes eingestellt, und Ihre Fotoalben haben Titel wie »Erstes Bad!« oder »Erster Zahn!!!«

4. In Ihrem Status-Update finden sich Einträge wie: »Maria brütet über der Steuererklärung« oder »Niko muss Kartoffeln schälen«.

5. Sie haben insgesamt acht Freunde, nämlich drei Kollegen, Ihre bessere Hälfte sowie vier Freunde Ihrer Kids.

Quiz: Was Ihre Facebook-Gruppe über Ihr Alter verrät

Die Gewohnheiten der Facebooker unterscheiden sich fundamental, je nachdem, an welchem Ende des Altersspektrums sie sich befinden. Zwischen ihnen liegt ein weites, morastiges Feld, das gefährliche Terrain zwischen der lebensfrohen Jugend und dem langsamen, unaufhaltsamen Abgleiten ins Alter.

Machen Sie dieses Quiz, und lassen Sie sich von den Ergebnissen dazu anleiten, in Zukunft klüger netzzuwerken:

1. Sie wollen eine Gruppe gründen, die jedem sagt: »Ich bin am Puls der Popkultur«. Nennen Sie sie:

   ☐ a) »Wenn die Twilight-Saga ganz verfilmt ist, weiß ich nicht mehr, wofür es sich zu leben lohnt«

   ☐ b) »Bill Kaulitz muss Kanzler werden«

   ☐ c) »Wenn Jesus einen iPod gehabt hätte, hätte er die Beatles in seiner Playlist gehabt«

   ☐ d) »Modelleisenbahnsüchtig? Du bist nicht allein«

2. Sie suchen nach einer Gruppe, die jedem signalisiert, dass Sie ein soziales Gewissen besitzen. Wem treten Sie bei?

   ☐ a) »Ich wünschte, ich könnte mein ganzes Fett den Kindern in Afrika spenden«

   ☐ b) »F*** dich, Japan – lass die Wale leben!«

☐ c) »O Mann, ich brauche sofort ein Glas
  Wein, sonst verkaufe ich meine Kids«

☐ d) »Wetten, dass ich 1 Million Menschen zu-
  sammenbekomme, die alle für den Frieden
  sind?«

3. Sie sind im Grunde Ihres Herzens ein politischer
  Mensch und wollen der Welt dies auch mitteilen.
  Welche Gruppe bietet die politische Plattform,
  die Ihren Anliegen am ehesten entspricht?

  ☐ a) »Wenn diese Gruppe 1 000 000 Mitglieder
    hat, wird der Kinderriegelpreis halbiert«

  ☐ b) »Petition an McDonald's: Wir brauchen
    einen Lieferservice!«

  ☐ c) »Senkt endlich den Benzinpreis«

  ☐ d) »Wir fordern ein verpflichtendes Dienst-
    jahr für alle Jugendlichen«

4. Sie stehen in Ihrem Leben am Scheideweg und
  machen turbulente Veränderungen durch. Während sich die Menschen in Ihrer Umgebung in
  eine ungewisse Zukunft stürzen, suchen Sie nach
  einer Gruppe, mit der Sie in Ruhe darüber nach-
  denken können, wer Sie sind und wo Sie stehen.
  Sie entscheiden sich für:

  ☐ a) »Ich will mein Mittagsschläfchen zurück«

  ☐ b) »Meine Freunde bauen Eigenheime, ich
    baue nur Scheiße«

  ☐ c) »Der einzige Boss, von dem ich mir was
    sagen lasse, ist Bruce Springsteen«

  ☐ d) »Als ich so alt war wie du, war Pluto
    noch ein Planet«

5. Sie haben Ihr Leben in vollen Zügen ausgelebt. Dinge gesehen, die wir anderen uns nicht einmal vorstellen können. Sie wollen einer Gruppe angehören, die Ihre persönliche Lebenseinstellung widerspiegelt. Sie tragen sich ein bei:

☐ a) »Was ich im Suff angestellt habe, ist nicht passiert, wenn ich mich nicht daran erinnern kann«

☐ b) »Im Rückblick war das nicht besonders schlau«

☐ c) »Ich weiß jetzt, dass die Liebe nicht so funktioniert wie bei Rosamunde Pilcher«

☐ d) »Eine Tafel Schokolade heilt alle Wunden«

6. Sie sind brutal selbstkritisch. Um Ihre persönliche Entwicklung voranzutreiben, ist es höchste Zeit, Ihre schlimmste Schwäche öffentlich zu machen. Die Gruppe, die Sie gründen, lautet:

☐ a) »Ich finde es gut, wenn Menschen, die ich hasse, fett werden«

☐ b) »Ich schreibe alle meine Arbeiten mit Einzeilenabstand, weil ich mich dann umso mehr freue, wenn sie mit Zweizeilenabstand doppelt so lang werden«

☐ c) »Ich blicke auf Menschen herab, die des korrekten Genetivs nicht mächtig sind«

☐ d) »Ich neige zu intellektueller Promiskuität«

7. Ihr Arbeitsethos lässt nichts zu wünschen übrig, trotzdem braucht jeder irgendwann eine Auszeit, oder? Und wenn Sie ganz ehrlich sind, schummeln auch Sie sich an manchen Tagen durch. Tragen Sie sich in die Facebook-Gruppe ein, die Ihrem inneren Schweinehund am ehesten entspricht:

☐ a) »Ich wünschte, meine Arbeit würde sich von selbst erledigen«

☐ b) »Ich wünschte, jedes Meeting hätte eine ›Automatisch zusammenfassen‹-Funktion«

☐ c) »Immer wenn ich am Computer sitze, lande ich auf Facebook«

☐ d) »Ich liebe meinen Mittagsschlaf«

8. Sie sind ein zutiefst spiritueller Mensch. Ihr Leben dreht sich ausschließlich um innere Einkehr und Meditation; Ihre Kicks holen Sie sich bei philosophisch stimulierenden Diskussionen. Die Facebook-Gruppe, die dem kontemplativen Mystiker in Ihnen am ehesten entspricht, lautet:

☐ a) »Bier versus Vagina: Die endlose Debatte«

☐ b) »War Albert Speer doch ein genialer Architekt?«

☐ c) »Formel 1, meine Religion«

☐ d) »Facebook ist ein zutiefst böses postmodernes Konstrukt, mit dem das Leben zum Videospiel verkommt«

9. Wissen Sie was? Das Alter spielt keine Rolle. Im Kopf sind Sie immer noch jung: Sie sind wild, Sie sind impulsiv. Ihnen ist alles egal! Sie gehen zu:

☐ a) »Mal ehrlich, ich schreibe LOL, dabei muss ich gar nicht lachen«

☐ b) »Ich trage meine Sonnenbrille auch nachts, weil mir die Sonne aus dem Arsch scheint«

☐ c) »Wenn ich durch eine automatische Tür gehe, fühle ich mich jedes Mal wie ein Jedi-Ritter«

☐ d) »Wenn man von heißer Schokolade betrunken würde, wäre ich Alkoholiker«

10. Das Leben ist eine intellektuelle Achterbahnfahrt, ein riesiges Quiz in 3D und Technicolor. Sie können Ihrer Liebe zum Lernen nicht länger widerstehen. Welche Gruppe bietet Ihnen die beste Möglichkeit, sich selbst zu bestärken?

☐ a) »Alles, was ich fürs Leben lernen musste, weiß ich aus ›Gute Zeiten, schlechte Zeiten‹«

☐ b) »Leute verarschen zu können ist eine überlebenswichtige Kunst«

☐ c) »Ich wünschte, ich wäre eine mathematische Ableitung, damit ich die Tangente zu deinen Kurven bilden könnte«

☐ d) »Wer mich hasst, motiviert mich nur«

Auswertung

Vorwiegend A

Sie sind nicht jugendlich, sondern in der Pubertät stecken geblieben. Sie feixen dem Erwachsensein ins Gesicht und tänzeln unbekümmert durch die Midlife-Crisis. Die einzigen Weisheiten, die Sie sich unterwegs angeeignet haben, standen auf anderer Leute Tattoos, und wenn Sie sich wirklich mal für politische oder soziale Fragen einsetzen, dann nur, weil Sie der Welt zeigen wollen, dass auch Sie Tiefgang haben. In Wahrheit haben Sie aber so viel Tiefgang wie ein Song von Britney Spears.

Vorwiegend B

Tagsüber behaupten Sie steif und fest, Sie seien inzwischen erwachsen geworden, aber nach Feierabend geben Sie alles, um Ihrem hippen Image als Verkörperung des »Vierzig ist das neue Dreißig«-Geistes gerecht zu werden. Machen Sie sich nichts vor, Sie sind längst nicht so cool, wie Sie glauben: Niemand will einen Peter Pan mit Plauze und Pantoffeln sehen. Also legen Sie die Teeniesprüche ab, und übernehmen Sie endlich Verantwortung, bevor Sie völlig vergessen, wie das geht.

Vorwiegend C

Bingo! Sie stellen sich dem Alter mit Schwung und Kreativität. Sie sind mit sich im Reinen, trotz aller Macken und Mucken. Sie haben den Mut, zu Ihren Vorlieben zu stehen, selbst wenn sie ausgesprochen uncool sind. Sie versuchen nicht mehr, jemand zu sein, der Sie nicht sind, und darum meint es das Leben gut mit Ihnen.

Vorwiegend D

Obacht, Opa, Sie zockeln über vermintes Gelände. Ihr Leben besteht inzwischen aus einem ewigen Reigen von Naturfilmen und Sudokus. Wenn Sie auf so was stehen, dann sei's drum: Nur weiter so. Aber hin und wieder sollten Sie die Gesundheitsschuhe abstreifen und ins kalte Wasser springen, sonst kommen Sie irgendwann gar nicht mehr von der Couch hoch.

Die indiskrete Innenministerin

Eine uruguayanische Ministerin handelte sich eine kalte Dusche ein, als sie ein Nacktbild von sich auf Facebook postete. Daisy Tourné, Innenministerin, unterschrieb das Foto: »Es gibt nichts Natürlicheres als eine Frau unter der Dusche.«

Die Führer der Oppositionsparteien ereiferten sich über diese pikante Bloßstellung und bezeichneten Tourné als Exhibitionistin, deren »Taten inakzeptabel sind, vor allem da sie die Verantwortung für die Polizeikräfte trägt.«

»Ich finde es äußerst geschmacklos, dass sich die Ministerin so unverhüllt zeigt. Regierungsmitglieder sollten zurückhaltender und bescheidener auftreten«, wurde der ehemalige Vizepräsident Luis Hierro Lopez zitiert.

Aber Daisy zeigte keine Reue. Sie erklärte, das Bild zeige sie unter einer Dusche am Strand, unter der jedermann den Sand abduschen könne. Außerdem sei es nicht erotisch gemeint oder zur Veröffentlichung gedacht gewesen. Mag sein – nur stellt sich dann die Frage: Warum hat sie's dann gepostet?

Genug ist genug

Viele von uns reiferen Usern brachten die ersten zwei Wochen in den sozialen Netzwerken wie Twitter, Facebook usw. damit zu, hektisch Computeraquarien zu putzen, Glücksnüsse zu öffnen oder virtuelle Karotten zu ernten. Danach lehnten wir uns zurück, betrachteten das Entertainment des einundzwanzigsten Jahrhunderts in aller Ruhe und fragten uns, was in aller Welt wir auf Sites zu suchen hatten, die für unsere Kinder entworfen wurden.

Wie schrieb der Blogger Jellio doch so treffend auf der Website www.yesbutnobutyes.com? »Ich wurde gestupst, gekniffen, geküsst, getreten, geohrfeigt und geknuddelt. Ich wurde von Vampiren gebissen, von

Werwölfen zerfleischt und von Piraten erstochen. Ich kenne meinen Strippernamen, meinen Zuhälter- und Pornostarnamen. Und ich habe fünfzigtausend virtuelle Dollar im Pokerraum liegen. Kann mir bitte jemand erklären, was ich verflucht noch mal da tue? Ich bin vierzig, verdammt noch mal!«

Sie sind endgültig erwachsen geworden, wenn … Sie auf Ihre gute Kinderstube pfeifen

Früher ging man immer davon aus, dass die Menschen endgültig und wahrhaftig erwachsen geworden waren, sobald sie die dreißig überschritten hatten. Sie benahmen sich fortan ernsthaft und respektabel und taten all das, was von einem verantwortungsvollen Menschen erwartet wurde.

Tempi passati, so will es scheinen. Heute krallen sich die »Groovy Gruftis« – Menschen zwischen Ende zwanzig und Anfang vierzig – an ihrer Jugend fest und wollen sich um keinen Preis so verhalten, wie es ihrem Alter angemessen wäre. Diese Spätpubertierenden wohnen vielleicht im Reihenhaus, sie haben einen richtigen Job, außerdem ein bis zwei Kinder und einen Rasen, der jede Woche gemäht werden will, aber am Freitagabend sieht man sie wie verzweifelte Derwische über die Tanzfläche der grassierenden Ü30-Partys (auch »Gammelfleischpartys« genannt) wirbeln oder betrunken aus den Bars in der Innenstadt torkeln.

Strafstrippen

Ein gesetztes Alter ist keine Garantie für gutes Benehmen. Nicht einmal für Menschen, die sich der edlen Profession des Unterrichtens verschrieben haben.

Schüler einer Klasse im Osten Englands trauten ihren Ohren und Augen nicht, als ihr halb kahler und bebrillter Lehrer eine neue Methode zur Disziplinierung seiner Klasse ausprobierte.

Als die Dreizehn- und Vierzehnjährigen sich nicht mehr bändigen lassen wollten, drohte der nicht mehr allzu junge Lehrer, sein Hemd auszuziehen und sie mit dem Anblick seines untrainierten Oberkörpers und seiner Biertitten zu bestrafen.

Allerdings brachte er die Klasse mit dieser Drohung mitnichten zur Räson, sondern vielmehr in Rage. Also hielt er Wort, streifte das Hemd ab und entblößte der Klasse seine Speckrollen.

Dummerweise war einer seiner Schüler so aufgeweckt, den unerwarteten Striptease auf sein Handy zu bannen und das Filmchen ins Internet zu stellen. Wie nicht anders zu erwarten, wurde der glücklose Lehrer fortan aus dem Klassenzimmer verbannt.

Wenn der Bischof einen in der Mitra hat

Eines Morgens trat der Bischof der Southwark Cathedral in London mit einem blauen Auge und einer großen Beule zu seiner wöchentlichen Predigt an den Altar. Er erklärte seiner Gemeinde, er sei überfallen worden. Aktenkoffer, Handy und Kruzifix seien ihm gestohlen worden, und nachdem sein Schädel so sehr angeschwollen sei, dass er keine Mitra aufsetzen könne, könne er sich auch nicht genau erinnern, was vorgefallen war.

In Wahrheit hatte sich der Vorfall, wie ein Zeuge mit besserem Erinnerungsvermögen später enthüllte, ein wenig anders zugetragen. Der Bischof, so wurde berichtet, hatte bei einem Empfang der irischen Botschaft Portwein getrunken und um neun Uhr abends den Heimweg angetreten. Um halb zehn torkelte er in eine stille Seitenstraße, wo er einen Wagen knackte, der unter einer Eisenbahnbrücke auf der Straße geparkt war, und Spielzeug auf den Asphalt zu werfen begann. Der Besitzer des Autos wurde durch den Lärm der Alarmanlage geweckt, kam aus dem Haus gerannt und stellte den Bischof zur Rede, der inzwischen, immer noch in seiner Robe, auf dem Rücksitz saß. Der Mann fragte ihn, was er in seinem Auto tue, worauf der Bischof antwortete: »Ich bin der Bischof von Southwark. Das ist mein Beruf.«

Der Bischof musste mit Gewalt aus dem Auto gezerrt werden und stürzte dabei auf den Bürgersteig.

Nachdem er alle Hilfsangebote ausgeschlagen hatte, torkelte er prompt gegen einen Brückenpfeiler.

Seine Schäfchen folgten ihrem Hirten trotzdem weiterhin. Wie ein Gläubiger bemerkte: »Einen über den Durst zu trinken ist keine Sünde. Vielleicht hat er nicht gemerkt, wie stark der Wein war.«

Klingt nach Ärger

Wir würden gern glauben, dass in dem geflügelten Wort von der »Gelassenheit des Alters« ein Körnchen Wahrheit steckt, doch leider trifft das, wenn überhaupt, nur auf wenige unter uns zu. Wer dabei obendrein an seiner rebellischen Jugend festhalten will, kann schnell Ärger bekommen – und dann sind es nicht mehr die eigenen Eltern, die Sie anbrüllen, endlich die Musik leiser zu drehen.

Die dreißigjährige Teresa Webb musste das am eigenen Leibe erfahren, als sie sich darauf versteifte, in voller Lautstärke ihren Lieblingssong – Peter Kays »Is this the Way to Amarillo?« – zu spielen. Sie spielte das Lied so laut und so oft, dass sie sich eine Anzeige wegen Ruhestörung einhandelte. Doch davon ließ sich Teresa nicht einschüchtern. Sie beschallte weiterhin das ganze Haus mit ihrem Lieblingssong, bis einer ihrer Nachbarn seine Wohnung verkaufte und wegzog.

> Immerzu bekomme ich Zeugs für die Mütter aufsässiger Teenager geschickt. Dabei bin ich selbst noch ein aufsässiger Teenager.
>
> — *Madonna*

Schließlich musste sie noch einmal vor den Richter, der die Stereoanlage beschlagnahmte, Teresa eine Bewährungsstrafe auferlegte und sie warnte, dass sie bis zu fünf Jahre ins Gefängnis wandern könne, wenn sie noch einmal dabei erwischt würde, wie sie zu laut Musik hörte.

O Mann. *So* streng war Papa nie!

Weight-Watchers

Um Ärger mit dem Gesetz zu bekommen, reicht es manchmal sogar, dem Hüftspeck den Kampf anzusagen, der sich im Lauf der Jahre angesammelt hat. Das musste der sechsunddreißigjährige Bodybuilder Giran erfahren. Er stellte erstaunt fest, dass sich seine Nachbarn wenig begeistert über sein eindrucksvolles Fitnessprogramm zeigten.

Bei seinem täglichen zweistündigen Training machte er mit seinem Gestöhne und den zu Boden fallenden Hanteln einen solchen Lärm, dass die Dezibelbelastung eines Rockkonzerts erreicht wurde und einer der Nachbarn glaubte, Giran würde stundenlang mit dem Winkelschleifer arbeiten. Nachdem Giran wiederholt verwarnt worden war, seine Gewichte leiser zu stemmen, bekam er schließlich eine Geldstrafe aufgebrummt und versprach daraufhin, das Hanteltraining durch lautlose Liegestützen und Sit-ups zu ersetzen.

»Ich spiele keine laute Musik, ich feiere keine Partys und stampfe nicht durch die Wohnung«, beklagte er sich. »Ich will nur ein bisschen trainieren und an meinen Gewichten arbeiten. Ich will fit bleiben. Ich kann nicht glauben, dass man mich vor Gericht gezerrt hat, nur weil ich Sport treibe.«

Rasenraserei

Ein Mann aus Wisconsin hielt dem Druck seines ständig nachwachsenden Rasens nicht statt. Nachdem der knapp vierzigjährige Gartenbesitzer mehrmals erfolglos versucht hatte, den Rasenmäher anzuwerfen, verlor er die Geduld und streckte das widerspenstige Gerät mit mehreren Schrotschüssen nieder.

Er wurde prompt wegen Erregung öffentlichen Ärgernisses verhaftet, außerdem besaß er keinen Waffenschein für sein Gewehr. Am schlimmsten aber schmerzte wahrscheinlich die Erkenntnis, dass der Rasenmäher nicht mehr zu reparieren war. Das nennt man einen Schuss in den Ofen!

Sie sind endgültig erwachsen geworden, wenn … Sie mental langsam abbauen

Machen Sie sich manchmal Sorgen, dass die Weisheit, die das Alter angeblich mit sich bringt, spurlos an Ihnen vorbeizieht? Haben Sie stattdessen das beunruhigende Gefühl, dass Sie von Jahr zu Jahr weiter verblöden?

Falls ja, dann ist das möglicherweise nicht nur Einbildung. Eine Studie im *European Heart Journal* wies auf ein verstörendes medizinisches Phänomen hin, das Ihre schwindende mentale Wendigkeit erklären könnte: Neuere Forschungen deuten darauf hin, dass bei Menschen, die später Herzkrankheiten entwickeln, schon in früheren Jahren die geistigen Fähigkeiten abnehmen. Mit anderen Worten: Wer mit sechzig in die Kiste springt, mit dem geht es schon ab dreißig geistig bergab.

Für die Wissenschaftsgläubigen unter uns ist das starker Tobak. Aber wir wollen uns nicht allein auf die Auskünfte einiger Eierköpfe verlassen: Wir präsentieren stattdessen lieber eine unbezahlbare Kollektion von enzyklopädischen Weisheiten, die einige weltberühmte Prominente zum Besten gegeben haben. Ziehen Sie Ihre eigenen Schlüsse …

Ich finde, eine Homo-Ehe sollte es nur zwischen Mann und Frau geben.
Arnold Schwarzenegger

Ich kleide mich gern sexy – aber nicht aufdringlich. Eher auf jungfräuliche Weise sexy.
Victoria Beckham

Immer wenn ich Fernsehen schaue und die armen Kinder auf dieser Welt sehe, könnte ich heulen, weil ich nicht helfen kann. Ich wäre auch gerne so dünn wie sie, aber nicht mit den Mücken, dem Elend und den ganzen Sachen.
Mariah Carey

Wo findet denn das Cannes-Filmfestival in diesem Jahr statt?
Christina Aguilera

Ich habe keine Magersucht. Ich bin doch aus Texas. Gibt es irgendwelche Leute aus Texas, die Magersucht haben? Ich habe noch nie von einem gehört. Und das gilt auch für mich.
Jessica Simpson

Ich mag Beethoven, besonders die Gedichte.
Ringo Starr

Eis ist fast wie Blumen. An einem bestimmten Punkt stirbt es. Aber wisst ihr, was schräg ist? Man kann es wieder zum Leben erwecken. Einfach indem man es einfriert. Eis, ich vergöttere es.

Drew Barrymore

Für mich ist der Mann inzwischen die Kirsche auf dem Kuchen, aber ich bin der Kuchen, und der Kuchen ist auch gut, auch wenn ich keine Kirsche habe.

Halle Berry

Wenn ich eine Giraffe wäre, und jemand würde behaupten, ich bin eine Schlange, würde ich mir denken, nein, ich bin eigentlich eine Giraffe.

Richard Gere

Nur ein toter Künstler ist ein glücklicher Künstler, weil nur er sich nicht mehr verändern kann. Wenn ich sterbe, komme ich wahrscheinlich als Pinsel wieder.
Sylvester Stallone

Ich fühle mich am wohlsten, wenn ich glücklich bin.
Winona Ryder

Wer Verkehr hat, riskiert zu sterben, und die Konsequenzen des Todes sind endgültig.
Cyndi Lauper

Es ist echt schwer, eine monogame Beziehung zu führen, wenn mir der andere nicht erlauben will, auch andere zu sehen.
Axl Rose

Gefährliches Katz-und-Maus-Spiel

Ertappt zu werden, wie man sich besonders blöd anstellt, ist nie angenehm, aber ertappt zu werden, wie man sich mit einer Pistole in der Hosentasche besonders blöd anstellt, ist noch mal eine ganz andere Nummer.

Im Juli 2008 brauste eine dreiundvierzigjährige Kalifornierin gerade durch Potter Valley, als sie plötzlich eine Maus über den Boden ihres Wohnmobils laufen sah. Ihre instinktive Reaktion war ein Schuss ins Knie, und zwar im wahrsten Sinn des Wortes. Sie zog nämlich ihre .44er Magnum aus dem Holster und feuerte auf das arme Tier, wobei ihr dummerweise die Waffe aus der Hand rutschte. Die Kugel prallte vom Boden ab, durchschlug das Knie der Frau und die Hose ihres männlichen Begleiters, wo sie um Haaresbreite das Geschlecht verfehlte und schließlich in der Hosentasche zu liegen kam.

Die Maus blieb unverletzt.

Preiswürdiger Nonsens

Bei der Liveübertragung der MTV Video Music Awards im Jahr 2002 bat Britney Spears Michael Jackson auf die Bühne, weil sie ihm eine Torte zur Feier seines vierundvierzigsten Geburtstags überreichen wollte. Während Michael noch auf dem Weg zur Bühne war, erklärte Britney, dass er ihrer Meinung nach der Künstler des Jahrtausends sei.

Getragen von seinem aufgeblähten Ego, kam Jackson auf die Bühne geschwebt, ergriff das Mikro und verkündete: »Wenn mir jemand erzählt hätte, als ich noch ein kleiner Junge in Indiana war, dass ich eines Tages den Preis für den Künstler des Jahrtausends bekommen würde, hätte ich ihm das nie im Leben geglaubt!«

Ein leicht beschämter MTV-Sprecher musste später der Presse versichern, dass es keine Auszeichnung für den Künstler des Jahrtausends gebe.

Alkoholgenuss mit Augenmaß

Aber nicht nur Menschen, die im Blickpunkt der Öffentlichkeit stehen, benehmen sich im Zenit ihres Lebens ausgesprochen dämlich.

Im Oktober 2008 hielten schwedische Polizisten einen wild schlingernden Wagen an, der von einer sechsundfünfzigjährigen Frau gefahren wurde. Wie sich herausstellte, lag der Blutalkohol zehnmal über der erlaubten Promillegrenze. Trotzdem bat die Frau um Nachsicht. Sie beteuerte, nicht der Alkohol habe sie Schlangenlinien fahren lassen: Sie hatte nur vorsichtshalber ein Auge zugemacht, um nicht doppelt zu sehen.

Jagdfieber

Drei Männer um die vierzig gehen auf die Jagd und schließen eine Wette ab, wer die größte Beute mit nach Hause bringt. Also gehen sie los. Zwei treffen sich wie vereinbart nach zwei Stunden wieder.

Der erste hat zwei Wildschweine erlegt. »Das war eigentlich ganz einfach«, sagt er. »Ich stand vor einem kleinen Loch, hab dreimal reingegrunzt, da hat's dreimal rausgegrunzt, dann kamen die Schweine rausgerannt, und ich hab sie alle erlegt.«

Der zweite hat eine ganze Bärenfamilie erlegt. »So schwer war das eigentlich auch nicht. Ich stand vor einem großen Loch, hab dreimal reingebrummt, da hat's dreimal rausgebrummt, dann kamen die Bären rausgerannt, und ich hab sie alle erlegt.«

Auf den dritten Jäger warten sie eine Stunde, zwei Stunden, drei Stunden. Nach vier Stunden kommt er schließlich angehumpelt. In Bandagen und blutüberströmt.

»Was ist denn mit dir passiert?«, fragen die beiden Wartenden.

»Ha, ich stand vor einem riesigen Loch, hab dreimal reingepfiffen, dann hat's dreimal rausgepfiffen, und schwups war der Eilzug da.«

Guter Fang

Ein mittelalter Mann geht im Winter zum Eisangeln. Er schlägt ein Loch ins Eis und lässt die Angelschnur hinab. Da hört er plötzlich eine Stimme aus dem Nichts: »Hier gibt es nichts zu angeln!«

Der Mann packt seine Sachen zusammen, geht ein Stück weiter und beginnt dort zu angeln. Wieder ertönt die Stimme: »Hier gibt es nichts zu angeln!«

Er packt also seine Sachen, schlägt ein Stück weiter wiederum ein Loch ins Eis und hält seine Angel hinein. Und wieder erklingt diese Stimme: »Hier gibt es nichts zu angeln!«

Darauf ruft der Mann erschrocken: »Wer bist du? Etwa Gott?«

Und die Stimme antwortet: »Nein, du Idiot! Ich bin der Stadionsprecher der Eissporthalle!«

Blinder Gehorsam

Navigationsgeräte können ganz schön frustrierend sein. Sie haben eine beharrliche Autorität, der man sich nur schwer entziehen kann, selbst wenn man es möchte.

So ging es offenbar auch einem BMW-Fahrer in Berlin, dem das Navigationsgerät nachts gebot, auf eine Brücke zu biegen, um über die Havel zu setzen. Was die sanfte Stimme aus dem Armaturenbrett nicht verriet: Die angebliche Brücke war eine Fähre ...

Der BMW-Fahrer verklagte daraufhin die Autofirma auf Schadensersatz. Aber der Richter zeigte sich wenig einsichtig. Die Verwendung eines Navigationsgerätes enthebe nämlich den Autofahrer nicht von der Pflicht, hin und wieder einen Blick durch die Windschutzscheibe zu werfen ...

Wie der Vater, so der Sohn

Ein mittelaltes Paar mit zwei bildhübschen halbwüchsigen Töchtern beschließt, einen letzten Versuch zu unternehmen, den Sohn zu zeugen, den sie sich immer gewünscht haben.

Nachdem sie es monatelang versucht haben, wird die Frau schließlich schwanger und bringt tatsächlich neun Monate später einen gesunden Jungen zur Welt. Der glückliche Vater eilt auf die Entbindungsstation, um seinen neugeborenen Sohn in Augenschein zu nehmen, und erblickt zu seinem Entsetzen das hässlichste Kind, das ihm je unter die Augen gekommen ist. Er geht zu seiner Frau und erklärt ihr, dass er unmöglich der Vater dieses Ungetüms sein könne.

»Sieh doch die zwei wunderschönen Töchter an, die ich gezeugt habe!«, weint er. »Du hast mich betrogen, das steht fest.«

Die Frau streicht mit dem Finger über seine Knollennase und sagt: »Diesmal nicht, mein Lieber, diesmal nicht ...«

Sie sind endgültig erwachsen geworden, wenn … es Zeit für einen Neuanfang ist

Ein Lifting, eine Geliebte, ein Piercing, eine neue Extremsportart … Die Midlife-Crisis lässt die wenigsten unberührt. Beängstigend ist allerdings, dass sie sich inzwischen schon bei Zwanzigjährigen zu zeigen beginnt, und zwar bei Männern wie Frauen.

Aber nachdem jede Midlife-Crisis anders ist, kann niemand vorhersagen, auf welche bizarre oder rätselhafte Weise Sie sich damit infizieren werden …

Spacig

Eine dreiundvierzigjährige Astronautin aus Houston, Texas, machte offensichtlich eine ganz eigene Art von Midlife-Crisis durch – sie war die erste aktive Astronautin in der Geschichte, die wegen einer schweren Straftat vor Gericht gestellt wurde.

Lisa Nowak war verheiratet und hatte drei Kinder, was sie aber – typisch für Frauen über vierzig – nicht davon abhielt, sich in ihren Astronauten-Kollegen

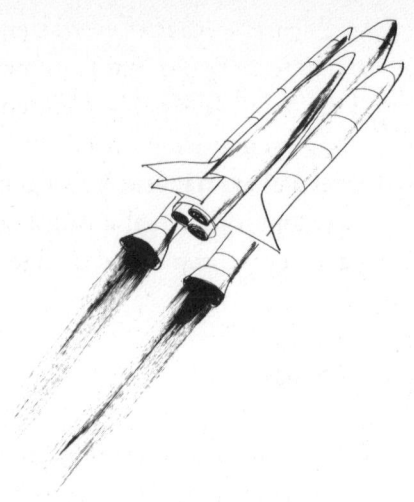

William Oefelein zu verlieben. Das allein wäre nicht weiter schlimm gewesen, wenn sie nicht geglaubt hätte, dass auch Colleen Shipman, Ingenieurin der Air Force, um Oefeleins Zuneigung buhlte, weshalb sie die Situation mit drastischen Maßnahmen klären wollte.

Als sie hörte, dass ihre Rivalin in Orlando landen sollte, fuhr Nowak kurzerhand die fünfzehnhundert Kilometer von Houston nach Florida – angeblich mit einer Erwachsenenwindel, damit sie unterwegs nicht anhalten musste –, um Colleen Shipman aus dem Rennen zu werfen. In Perücke und Trenchcoat fing Nowak ihre vermeintliche Rivalin auf dem Flughafenparkplatz ab und sprühte ihr Pfefferspray ins Gesicht, bevor sie sich wieder aus dem Staub machte.

Als sie wenig später verhaftet wurde, entdeckte die Polizei bei ihr außerdem ein Stahlhämmerchen, eine Luftdruckpistole, ein Messer, Plastiktüten und mehrere Meter Gummischlauch. Nowak konnte die Polizisten nicht überzeugen, dass sie die Gegenstände nur eingepackt hatte, um ihrer Rivalin Angst zu machen – sie wurde wegen versuchten Mordes angeklagt.

Mehr Lust auf Brust

Während sich die meisten Männer damit zufriedengeben, auch in ihrer Midlife-Crisis dem traditionellen Rollenbild treu zu bleiben, wollte sich Stu Rasmussen aus Silverton, Oregon, auf eher unkonventionelle Weise ausleben.

Während seiner zweiten Amtszeit als Bürgermeister gestand Rasmussen, dass er zeit seines Lebens gern Frauenkleider getragen habe. Kaum war er zum dritten Mal gewählt worden, wechselte er von Hemd und Krawatte zu Highheels und BH und wurde so zum ersten bekennenden Cross-Dresser-Bürgermeister der Vereinigten Staaten.

»Manche Männer entdecken in ihrer Midlife-Crisis ihre Vorliebe für Motorräder oder Sportwagen oder fürs Klettern oder junge Frauen oder was weiß ich«, erklärte Rasmussen. »Meine Midlife-Crisis verlief ganz anders. Ich wollte schon immer einen tiefen Ausschnitt haben, also habe ich mir endlich einen besorgt.«

Massai-Midlife-Crisis

Die Männer bei den Massai in Kenia und Tansania sind wirklich nicht zu beneiden: Sie bekommen ihre Midlife-Crisis von der Dorfgemeinschaft zugeteilt und müssen sie anschließend in einer öffentlichen Zeremonie ausleben.

Als junger Mann heißt der Massai-Krieger *Moran*. Er ist mit einem Speer bewaffnet, um sein Dorf vor Angreifern zu verteidigen, und darf sein Haar lang tragen. Wenn er allerdings in den Zwanzigern ist, wird er als alter Mann betrachtet und bei einer Zeremonie namens Eunoto in den Kreis der Ältesten aufgenommen.

Das Ritual findet in einer Hütte statt, die eigens zu dieser Gelegenheit errichtet wird. Der Krieger muss Blut aus dem Hals eines frisch geschlachteten Bullen trinken und sich danach von seiner Mutter das lange Haar abrasieren lassen, wobei er auf derselben Kuhhaut sitzt, auf der er Jahre zuvor beschnitten wurde. Anschließend darf er sich eine Frau aussuchen, mit der er verheiratet werden möchte, und gilt damit offiziell als Ältester.

Auch ein Umweg führt manchmal ans Ziel

Wenn wir reifer werden und immer öfter auf unser privates und berufliches Leben zurückblicken, beginnen wir unwillkürlich, die Hollywoodstars um ihr glamouröses Leben zu beneiden. Wir wünschen uns, wir könnten auch so ein Lotterleben führen und so im Geld baden wie sie. Aber wie gehen eigentlich die Hollywood-Promis mit dem Älterwerden um? Brauchen auch sie eine Auszeit von ihrem stressigen Leben zwischen Paparazziflucht und Oscarverleihung?

Ewan McGregor, der Star aus *Trainspotting* und *Moulin Rouge*, entfloh 2004 im Alter von dreiunddreißig Jahren vorübergehend der Tretmühle des Filmgeschäfts, indem er mit seinem siebenunddreißigjährigen Freund Charley Boorman auf dem Motorrad von London nach New York fuhr – und zwar via Asien.

Der Trip, bei dem die beiden einunddreißigtausend Kilometer zurücklegten und der dreieinhalb Monate dauerte, war für die beiden ein einzigartiges Erlebnis, auch wenn sie dabei einige Unfälle und andere Beinahe-Katastrophen überstehen mussten. Nach mehreren Auseinandersetzungen mit unwilligen Grenzbeamten, gefährlichen Flussdurchquerungen, schweren Motorradschäden und heimtückischen Moskitoattacken hätte es den beiden Männern wohl jeder nachgesehen, wenn sie sich geschlagen gegeben hätten und heimgekehrt wären. Aber als sie schließlich triumphierend in New York einfuhren, war klar, dass diese Aktion eher ein Befreiungsschlag als eine Krise gewesen war.

Auszeit

Erheblich weniger Aufmerksamkeit erregt es normalerweise, wenn man seine Ankunft im Erwachsenenalter feiert, indem man sich an ein stilles Fleckchen
zurückzieht und sich dort niederlässt.

Genau das tat im Jahr 2007 der Journalist Geraint
Jones. Beim Surfen im Internet stieß er zufällig auf
ein kleines Waldstück im Süden Englands, das zum
Verkauf stand, und ihm wurde klar, dass er genau eine
solche Eremitage gesucht hatte.

Jones beschrieb in der *Daily Mail* ausgiebig, wie
begeistert er war, den Stress und Smog der Großstadt
hinter sich zu lassen und fortan im Wald zu wohnen.
Er gab sogar ein Essen für seine Freunde, bei dem er
Lamm und Eintopf servierte, die er über dem offenen
Feuer zubereitet hatte.

Nur die eigene Familie reagierte nicht so auf seine
neu gefundene Robin-Hood-Idylle, wie er es sich vor-
gestellt hatte. Seine Partnerin bewies immerhin noch
ihren guten Willen, indem sie ihn zweimal – kurz – besuchte, aber seinen Sohn konnte er nur zu einem Be-
such überreden, indem er ihn mit einem Abstecher in
den Pub belohnte. Trotzdem ließ sich der gute Mann
nicht beirren. »Für einen Mann in der Midlife-Crisis«, schrieb er, »ist ein Leben im Wald bestimmt ge-
sellschaftlich akzeptabler als eine neue Geliebte oder
eine Harley Davidson.«

Saturday Night Adventure

Immer wenn John Travolta das Gefühl bekommt, dass sein Mojo nachzulassen droht, springt er in einen seiner diversen Privatjets und macht sich auf die Suche nach einem kleinen Abenteuer, um die Krise abzuwenden.

»Ich bin einfach abenteuersüchtig«, sagt er. »Ich kann jeden Augenblick mit meiner Familie und Freunden aufbrechen und die Welt erkunden. Einmal im Jahr fliege ich nach Afrika oder Russland, und ich bin jedes Mal begeistert. Das hält die Midlife-Crisis in Schach. Ich bin einfach zu reich, um mich stressen zu lassen.«

Aber ich besitze keinen Privatjet

Wenn Sie genau wie John Travolta die Aussicht schreckt, immer Kalorien zu zählen und sich stundenlang im Fitnessstudio abzuquälen – und falls Sie zufällig keine Flotte von Düsenfliegern Ihr Eigen nennen -, können Sie Ihr Leben trotzdem mit neuen Herausforderungen würzen. Probieren Sie's doch mal hiermit:

→ Gletscherklettern in Alaska;
→ Radfahren auf dem Ladakhplateau in Indien, auf der höchsten Straße der Welt, einen mörderischen Sechsundzwanzig-Kilometer-Anstieg eingeschlossen;

→ Seilbahnfahren über den Baumwipfeln des kolumbianischen Regenwaldes;

→ den *Marathon des Sables* mitlaufen, der so lang ist wie sechs reguläre Marathons und durch die sengend heiße Sahara führt;

→ auf Langlaufskiern zum Nordpol gleiten, den Eisbären immer eine Nasenlänge voraus.

Der Midlife-Crises entglitten

Der schottische Starkoch Gordon Ramsay versuchte, seiner Midlife-Crisis zu entgleiten, indem er kurz vor dem vierzigsten Geburtstag surfen lernte. Er war der Meinung, dass nichts so jung hält, wie in den Wellen zu planschen. Dummerweise musste er feststellen, dass es ihm nicht *ganz* so leicht fiel wie seinen jüngeren Konkurrenten, auf dem Surfbrett schnittig und sexy auszusehen.

»Es ist gar nicht so einfach, einen gestrandeten Wal von zwei Zentnern Lebendgewicht auf eine dünne Planke zu stellen, ohne dass er dabei wie ein Vollidiot aussieht«, lamentierte er später. Allerdings ließ er durchblicken, dass er seinen Neoprenanzug extra zwei Nummern zu klein gekauft hatte, um auf mögliche Promigucker attraktiver zu wirken …

Jungs werden immer Jungs bleiben, und auch die meisten Männer werden immer Jungs bleiben.
— *Kin Hubbard*

Und jetzt zu etwas ganz anderem

Manche Männer wollen, nachdem sie das halbe Leben hinter sich gebracht haben, keine halben Sachen mehr machen, sondern einen radikal neuen Lebensstil pflegen. Dabei kann es ihnen gar nicht wild genug zugehen. Wir empfehlen für echte Adrenalin-Junkies:

→ Freefighting, eine Kombination aus Karate, Kickboxen, Boxen, Ringen – endlich mal eine Sportart, bei der man den biblischen Spruch »Auge um Auge, Zahn um Zahn« nach Herzenslust ausleben kann;

→ Stierlaufen in Pamplona, wo die Stiere achthundertfünfundzwanzig Meter lang durch eine Menschenmenge gejagt werden;

→ oder das von dem amerikanischen Autor Geoff Wolinetz entwickelte »Bear-Baiting«, bei dem man mit einem Stück Rindfleisch und einem kleinen Messer im Gepäck in einem Naturschutzgebiet ausgesetzt wird, um gegen einen rasenden Grizzly anzutreten. »Es ist jung, wahnsinnig und total crazy«, wirbt Sportfan Wolinetz für seine neue Sportart.

Dem ist nichts hinzuzufügen.

Es ist ein ernüchternder Gedanke: Als Mozart
so alt war wie ich, war er schon zwei Jahre tot.

Tom Lehrer, 37

Sie sind endgültig erwachsen geworden, wenn … es bei Ihnen im Sport immer extremer zugeht

Früher oder später gibt es für die meisten von uns ein herbes Erwachen: jenen Augenblick, in dem wir uns endgültig eingestehen müssen, dass wir nicht mehr Action Man oder Wonder Woman sind. Manche erleben diesen Moment der Klarheit, wenn das heißeste Girl im ganzen Büro an Ihrem Schreibtisch vorbeimarschiert und Sie sich nicht einmal mehr die Mühe machen, den Bauch einzuziehen. Für andere ist es jener Abend, an dem jemand um neun Uhr anruft und das Gespräch mit den Worten eröffnet: »Ich habe dich doch hoffentlich nicht geweckt?«

Es stimmt, die Taille nimmt zu, das Haar nimmt ab, und alles andere wird schwabbliger, schwerer oder schlaffer. Aber keine Angst! Das Leben braucht dem Abenteuer nicht im Wege zu stehen – Sie müssen nur dem Beispiel dieser älteren Extremsportanhänger folgen.

Fiennesfinessen

Eigentlich könnte man erwarten, dass ein Mann in den besten Jahren, der in der britischen Armee gedient hat, nach seiner Entlassung die Füße hochlegt und sich einen entspannenden Zeitvertreib sucht.

Sir Ranulph Fiennes, ein Cousin der Hollywood-stars Ralph und Joseph, denkt da augenscheinlich anders. Nachdem er die Armee verließ, verschrieb er sich der Abenteuersuche und hat seither die höchsten Gipfel und entlegensten Flecken dieser Welt heimgesucht.

Nachdem Fiennes mehrere Nahtoderfahrungen an Nord- und Südpol überstanden sowie eine Herzattacke überlebt hatte und ihm obendrein die Finger seiner linken Hand abgefroren waren, stellte er sich im Jahr 2003 – mit Ende fünfzig – einer neuen Herausforderung. Er verkündete, er wolle in sieben Tagen auf sieben Kontinenten sieben Marathons laufen.

Nach einer zermürbenden Serie von Rennen durch Patagonien, über die Falklandinseln, durch Sydney, Singapur, London und Kairo gelangte Fiennes schließlich nach New York, wo er den letzten Marathon überstand und danach verkündete, er werde nie wieder etwas Derartiges unternehmen.

Dafür hat er seither die Eiger-Nordwand und den Mount Everest erklommen.

Auf die fünfzig zuzugehen ist Bewegung genug.
Anonym

Flugshow

Natürlich ist es für Menschen jenseits der dreißig nicht leicht, in ihren vollgepfropften Terminkalendern ein paar freie Minuten für das tägliche Fitnessprogramm zu finden. Die durchtrainierte und muskulöse Bill-killerin Uma Thurman ist der Beweis, dass das keine Entschuldigung mehr ist: Wo ein Wille ist, ist auch ein Weg. 2009 nutzte sie die ansonsten ungenutzte Zeit auf einem Flug von New York nach Salt Lake City, indem sie von ihrem Sitz aufstand und den Mittelgang zu ihrem Fitnessstudio erklärte. Zum großen Vergnügen der Mitreisenden absolvierte sie zwanzig Minuten lang Yoga- und Ballettübungen zwischen den Sitzen.

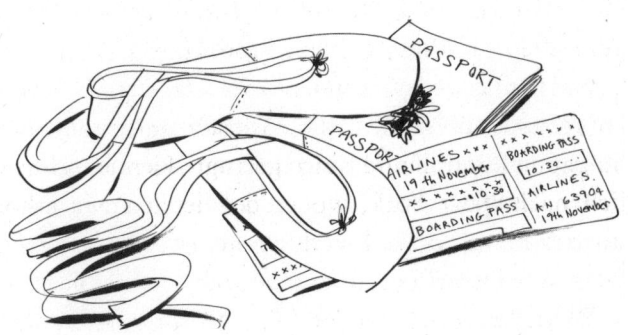

Monomountainbiking

Als Terry Peterson, ein kalifornischer Klavierstimmer, fünfzig wurde und feststellte, dass er seine Jeans nicht mehr zubekam, beschloss er, etwas dagegen zu unternehmen. Die üblichen langweiligen und leicht umzusetzenden Angebote interessierten ihn nicht. Stattdessen erweckte Terry sein Jugendhobby zu neuem Leben – das Einradfahren. Doch das Fahren im Flachland verschaffte Terry nicht den ersehnten Adrenalinkick. Das war ihm eindeutig nicht hart genug und viel zu albern.

Du kannst die Uhr nicht zurückdrehen.
Aber wieder aufziehen.

Bonnie Prudden

Also ging Terry mit seiner Einradliebe ins Gebirge und verbringt inzwischen sechzig wacklige Stunden pro Woche auf seinem Rad. Auf einem Einrad ohne Gang und Bremsen bergauf und vor allem bergab zu fahren ist eine echte Kunst, aber Terry bleibt eisern im Sattel: »Es ist wie überall im Leben. Wenn es Hindernisse gibt, will ich sie nicht umgehen, sondern sie überwinden.«

Raus aus dem Panzer und rauf aufs Skateboard!

Jeder weiß, dass kaum ein Kerl der Kernschmelze in der vierten Dekade entkommen kann, aber jetzt sieht es so aus, als würde selbst Action Man – *die* Actionfigur schlechthin – allmählich die Last des Alterns spüren.

Nachdem Action Man in seiner Jugend als Ehrfurcht gebietender Soldat in Khakihosen herumstolzierte und mit MPs, Panzern und Raketenwerfern aus allen Rohren schoss, scheint er, inzwischen über vierzig, ein wenig die Orientierung verloren zu haben. Inzwischen hängt er wahlweise in Radlerhosen oder Jogginganzug ab, hat seine Panzer gegen Sportwagen und Motorräder eingetauscht und vertreibt sich die Zeit mit friedlichen Sportarten wie Fallschirmspringen, Windsurfen, Klettern und Skateboardfahren, statt testosterongeladen um sich zu schießen.

Du bist nie zu alt für eine Verjüngung.

Mae West

Nachdem die Verkaufszahlen in den Keller gerutscht waren, scheint Action Man jetzt alles daran zu setzen, mit seinen jüngeren Rivalen in der Actionfigurenszene mitzuhalten. Klingt das nicht irgendwie vertraut?

Nackte Tatsache

Wer beim Sport nach Extremen sucht, wird sich einem doppelten Kick kaum verschließen können. Viele Sportarten wie Bungeejumping, Fallschirmspringen, Rallyefahren, aber auch Radfahren oder Wandern, bekommen einen ganz neuen Reiz, wenn man sie nackt ausübt. Allerdings ist es gut möglich, dass andere den Anblick weniger reizvoll finden.

Das musste auch der Nacktwanderer Siegfried G. aus Gunzenhausen erfahren, der aus Überzeugung hüllenlos durch die Wälder und Felder streifte. Als er daraufhin ein Bußgeld von fünfhundert Euro auferlegt bekam, klagte er sich durch alle Instanzen. Vergeblich: Das Amtsgericht verurteilte ihn, fortan wenigstens einen Lendenschurz zu tragen. Das Bußgeld wollte

Siegfried G. trotzdem nicht zahlen. Er sieht den Fehler bei der Gesellschaft: »Viele können mit der natürlichen Nacktheit ihrer Mitmenschen nicht umgehen.«

Und um seiner Überzeugung treu zu bleiben, zog er sich, kaum dass sich die Zellentür hinter ihm geschlossen hatte, splitternackt aus …

Rocker auf Rollen

Billie Joe Armstrong, der siebenunddreißigjährige Frontmann der Band *Green Day*, sucht Erholung im Sport, wann immer ihm der Tourplan allzu sehr zusetzt. Allerdings interessiert er sich nicht für altersgemäße Sportarten wie Golf oder Boccia: Billie Boy steht auf Skateboarden.

»Das lenkt mich am besten von der Musik ab«, erklärte er dem *Rolling Stone* und prahlte dann: »Ich hab ein echtes Max-Schaaf-Board.«

Armstrong kann sich glücklich schätzen, dass sein Schwager ein professioneller Skater ist, ein Mann, der sich eindeutig hohe Ziele für Billie Joes Skaterkünste gesetzt hat. »Ziel ist die Rampe«, erzählt Armstrong. »Eine von diesen Halfpipes, die auf beiden Seiten hochgehen.«

Vorerst jedoch bleiben seine Träume, auf der Bühne ein paar gewagte Kickflips vorzuführen, wohl nur Seifenblasen. »Hin und her rollen klappt schon«, gestand er. »Aber das war's dann auch.«

Sie sind endgültig erwachsen geworden, wenn ... Ihre Geschicklichkeit rapide abnimmt

Mal ehrlich, wie oft haben Sie in dieser Woche Ihren fettarmen Latte Macchiato über den Laptop gekippt? Sich auf Ihre Lesebrille gesetzt? Sich beim Rasieren geschnitten? Besteht Ihr Leben aus einer Abfolge von Tomatensoßenflecken und Blutergüssen, Porzellanscherben und zerrissenen Hosen? Haben Sie sich in einen alten Trampel verwandelt?

Zum Glück sind Sie da nicht allein. Im Gegenteil, Sie befinden sich in ziemlich prominenter Gesellschaft ...

Todesmelonen

Als das ehemalige Bondgirl Britt Eklund im Jahr 2000 den Rock-Oscar *Kerrang!* an Marylin Manson überreichen sollte, rutschte sie, kaum dass sie von ihrem Tisch aufgestanden war, auf einem Brei aus Obststückchen, verschütteten Getränken und Essensresten aus. Kurz zuvor hatten sich die Rocker von Slipknot im Saal eine Essensschlacht mit ein paar anderen Bands geliefert.

Trotz ihrer Schmerzen humpelte Britt am Arm eines kräftigen Security-Mannes auf die Bühne und überreichte den Preis. Sie drohte sogar den Jungs von *Slip Knot,* sie würde sich von ihnen keinesfalls die Schau stehlen lassen. Dann wurde sie ins Krankenhaus eingeliefert, wo ihre Brüche an Knöchel und Handgelenk verarztet wurden.

Wie sich herausstellte, stahlen die Jungs von *Slip Knot* dem glamourösen Bondgirl sehr wohl die Schau: Den ganzen Abend brachten sie damit zu, Gläser und Flaschen zu zerschlagen und ihren Tisch in Brand zu setzen.

Die tollpatschigste Schauspielerin Hollywoods

Wenn jemand tollpatschig ist, dann ist er das auch bei der Arbeit. Viele berühmte Hollywood-Schauspieler haben in ihrer Laufbahn die unglaublichsten Arbeitsunfälle produziert.

Anthony Hopkins musste wegen Unterkühlung behandelt werden, nachdem er 1997 bei den Dreharbeiten zu *Auf Messers Schneide – The Edge* ausgerutscht und in einen kanadischen Fluss gestürzt war. James Caviezel, der die Hauptrolle in Mel Gibsons *Die Passion Christi* spielte, kugelte sich die Schulter aus, bevor ihn direkt am Set der Blitz traf. Sogar Nicole

Kidman brach sich eine Rippe, als sie beim Set von *Moulin Rouge* einen Tanz probte und dabei stürzte.

Die Königin der prominenten Tollpatsche ist und bleibt jedoch Halle Berry, die so viele Drehunfälle produziert hat, dass sie 2003 von der Zeitschrift *In Touch* zur ungeschicktesten Schauspielerin Hollywoods gekürt wurde. So schlug sie sich an einem Studioscheinwerfer die Stirn blutig, musste sich ein Schrapnell aus einer Rauchgranate aus dem Auge operieren lassen, brach sich bei einer Kampfszene den Arm und wurde nach einem Autounfall im Jahr 2000 mit zweiundzwanzig Stichen an der Stirn genäht.

Das Beängstigende an den besten Jahren ist das Wissen, dass sie eines Tages hinter dir liegen werden.

Doris Day

Sogar die Liebesszenen mit ihr können unerwartet turbulent werden, wie Pierce Brosnan feststellen musste, als er mit ihr für *Stirb an einem anderen Tag* eine schwüle Schlafzimmerszene drehte. Die Dreharbeiten endeten abrupt, als Halle zu würgen und wild mit den Armen um sich zu schlagen begann: Sie wäre um ein Haar an einem Obststück erstickt.

Wie man sich sein eigenes Grab schaufelt

Ein Totengräber in den besten Jahren hatte in Zwolle, Belgien, einen ausgesprochen unangenehmen Arbeitsunfall. Beim Ausheben eines Grabes schaufelte er die Erde in einen Anhänger, den er gleich neben der Grube abgestellt hatte. Der Anhänger allerdings war auf instabilem Boden geparkt und kippte, als die Last zu groß wurde, zur Seite, wobei sich der gesamte Aushub in das Grab ergoss, in dem der Totengräber arbeitete. Er wurde lebendig begraben und nur von seinem schnell handelnden Kollegen gerettet, der sein Gesicht wieder frei schaufeln konnte, bis die Feuerwehr eintraf, um den Verschütteten zu retten.

Küchenkatastrophen

Die Oscarpreisträgerin und Schauspielerin Kate Winslet mag vor der Kamera eine gute Figur machen, in der Küche ist sie jedoch eine Katastrophe, wie sie freimütig zugibt. Vor allem wenn sie das anstrengendste Menü des Jahres zubereiten muss: das Weihnachtsessen. Als sie um die Jahreswende in David Lettermans *Late Show* auftrat, präsentierte sie eine Ehrfurcht gebietende Sammlung von Kochverletzungen.

»Da habe ich mich wirklich eklig verbrannt, als ich das Haus für Weihnachten vorbereiten wollte … Hier habe ich mir die Fingerkuppe abgeschnitten, die zusammen mit einem Stück Fingernagel auf das Schneidebrett fiel … Als ich das Essen servierte, verbrannte ich mich außerdem an einem heißen Teller, sodass ich beim Weihnachtsessen eine Schüssel mit Eis auf dem Schoß stehen hatte, in der ich meine Hand kühlte.«

Wie Letterman bemerkte: »Vielleicht sollten Sie das mit dem Kochen lieber lassen …«

Mieses Maskottchen

Ein Mann liegt monatelang im Koma. Seine Frau harrt viele lange, einsame Tage und Nächte an seinem Bett aus und hält unermüdlich Wache. Schließlich kommt ihr Mann wieder zu sich. Überglücklich beugt sich die Frau über sein Gesicht, um zu verstehen, was er ihr zu sagen hat.

»Mein Schatz«, flüstert er unter Tränen, »du hast durch dick und dünn zu mir gehalten. Als ich meinen Job verloren habe, warst du an meiner Seite. Als mein Geschäft pleiteging, bist du bei mir geblieben. Als mich der Bus überfuhr, standst du neben mir. Als ich krank wurde, bist du nicht von meinem Bett gewichen.«

Tief bewegt beugt sich seine Frau noch dichter über ihn.

»Weißt du was?«, haucht er leise. »Ich glaube, du bringst mir einfach kein Glück.«

Unglücksrabe, glücklicher

Manche Menschen sind so vielen Unfällen ausgesetzt, dass man ihnen eigentlich keine Tollpatschigkeit unterstellen kann: Sie können noch so gelassen, gesetzt und gefasst sein, das Pech scheint sie auf Schritt und Tritt zu verfolgen. Wie zum Beispiel John Lyne:

Johns Leben besteht aus einer nicht endenden Abfolge lebensgefährlicher Unfälle. Einmal verfehlte ihn um Haaresbreite ein riesiger Korb voller Gestein, als er bei Tunnelarbeiten beschäftigt war. Im Lauf seines Berufslebens waren mehrmals Leitern unter ihm eingeknickt, während er am Dach arbeitete, außerdem stürzte er durch eine offene Inspektionsluke. Er brach sich Rippen, Arme und Beine und verletzte sich am Rücken – aber er kam jedes Mal mit dem Leben davon.

Auch in seiner Freizeit lebt John gefährlich. Einmal wurde er beim Shoppen von einem Doppeldeckerbus angefahren, ein andermal bohrte er bei einer unbedachten Heimwerkeraktion ein Stromkabel an. Selbst im Urlaub bleibt ihm das Pech treu: Einmal schlief in Griechenland der Taxifahrer, der ihn zum Flughafen fahren sollte, am Steuer ein. Im folgenden Jahr wurde sein Flugzeug kurz nach dem Start vom Blitz getroffen.

Es stellt sich also die Frage: Ist John ein Unglücksrabe oder ein tollpatschiger Glückspilz mit neun Leben?

Ich mag die englische Königsfamilie. Ich finde es fantastisch, dass wir eine solche Tradition besitzen … Ich finde nur, wir sollten sie nicht mehr ins Ausland fahren lassen. Nie wieder. Nicht mal zum Urlaub machen. Denn jedes Mal, wenn sie ins Ausland reisen, endet das in einer Katastrophe.

Jonathan Ross

Jagdunfall

Zwei knapp fünfzigjährige Jäger pirschen getrennt durch den Wald und suchen nach Wild. Plötzlich sieht der eine etwas Hirschgroßes hinter einem Busch stehen, zieht die Flinte und schießt. Er hört ein jämmerliches Heulen … und erkennt, dass er seinen Freund niedergeschossen hat, der sich nur kurz hinter einem Busch erleichtern wollte.

Der Jäger zieht sein Handy und wählt panisch die Notrufnummer. »Ich glaube, ich habe gerade meinen Freund erschossen!«, schreit er. »Was soll ich jetzt tun?«

»Okay, ganz ruhig«, versucht die Dame in der Notrufzentrale ihn zu beschwichtigen: »Ich kann Ihnen besser helfen, wenn wir systematisch vorgehen. Sind Sie ganz sicher, dass er tot ist?«

Es bleibt kurz still, dann ertönt ein Schuss. »So, jetzt bin ich sicher, dass er tot ist. Und was jetzt?«

Piratenpech

Ein Tourist kommt in eine Taverne in Madagaskar und trifft dort einen echten Piraten mit Holzbein, Haken statt Hand und Augenklappe. Fasziniert geht er auf den Piraten zu und sagt: »Boah, also, so einen echten Piraten habe ich ja noch nie gesehen. Sie haben ja wirklich alles, Holzbein, Haken und Augenklappe. Verraten Sie mir, wie das alles passiert ist?«

Pirat: »Dann hör mal zu, du Landratte! Mein Bein verlor ich durch eine Kanonenkugel, und meine Hand habe ich beim Entern verloren.«

Tourist: »Ja … interessant. Und was ist mit Ihrem Auge passiert?«

Pirat: »Da hat mir eine Möwe reingekackt.«

Tourist: »Ja, aber davon verliert man doch nicht direkt ein Auge?«

Darauf der Pirat: »Na ja, da hatte ich den Haken erst einen Tag ...«

Sie sind endgültig erwachsen geworden, wenn … Sie bereit sind, die Welt zu retten

Man braucht nur einen Blick auf die vielen gealterten Superhelden zu werfen, die sich seit einigen Jahren auf der Leinwand tummeln, und schon wird klar, dass es fürs Heldentum keine Altersgrenze gibt. Von Will Smith als Hancock bis zu Halle Berry in den *X-Men* – die Zukunft unseres Planeten scheint in den Händen von Menschen weit jenseits der dreißig zu liegen.

Was spricht also dagegen, auch unser Leben mit ein paar Heldentaten aufzupeppen?

Erwachsenenspielzeug für den älteren Superhelden

Die Chefs der japanischen Spielzeugindustrie, die seit Jahren mit der niedrigen Geburtenrate in Japan kämpfen, haben einen geradezu genialischen Plan ausgeheckt, um ihre Profite in die Höhe zu treiben. Sie haben angefangen, Spielzeug für eine ganz neue

Zielgruppe zu designen: für Geschäftsmänner mittleren Alters.

Ein besonders beliebtes Produkt ist ein Gadget-Gürtel, der auf jenem basiert, den der japanische Superheld »Kamen Rider« in den Siebzigerjahren trug. Viele Geschäftsleute können sich noch erinnern, wie sie diesen mit allen möglichen Geräten ausgestatteten Gürtel das erste Mal sahen, und freuen sich über die neue, verbesserte Lederversion mit blinkenden LED-Lichtern und vergrößertem Bauchumfang für die ältere Wampe.

Ein Sprecher der Firma Bandai, die den Gürtel herstellt, erklärte: »Wenn man erwachsen wird, muss man sich mit vielen unangenehmen Dingen herumschlagen, in der Arbeit wie zu Hause. Da hilft es, diesen Gürtel anzuziehen: Man kann Kamen Rider sein – oder irgendjemand anderes.«

Beyoncé und Wonder Woman

Nachdem immer mehr Comic-Heroen ihr Comeback auf der Kinoleinwand feiern, ist es höchste Zeit, auch die Rolle der Superheldin neu zu schreiben. Auf ein Remake wartet ganz besonders *Wonder Woman*, die 1970 von der schlanken Lynda Carter verkörpert wurde.

Beyoncé hat ein Auge auf die Rolle geworfen.

Sie erklärte 2008 der *LA Times*, dass die hochemotionalen Rollen, die sie in letzter Zeit gespielt hatte, ihren Tribut gefordert hätten. Jetzt sei sie bereit, ihre innere Superheldin herauszulassen, und »wer wäre da besser geeignet als Wonder Woman? Das wäre super. Außerdem wäre es eine wirklich mutige Wahl. Eine schwarze Wonder Woman wäre ein mächtiges Signal. Dafür ist es doch höchste Zeit, oder?«

Allerdings scheint der furchterregendste Gegner, den die zukünftige Wonder Woman sich vorstellen kann, das superenge Sternenbanner-Trikot zu sein, das Lynda Carter damals trug.

»Lynda Carter konnte das tragen, sie war *so* zart. Sie war unglaublich ... Diese Taille war nicht zu fassen. Eigentlich waren ihre Proportionen kaum noch menschlich. Trotzdem liebe ich Wonder Woman, und es wäre mein größter Traum, sie spielen zu dürfen. Es wäre bestimmt ziemlich praktisch, so ein Lasso zu haben. Um aus jedem die Wahrheit herauszubekommen ... Das Ding brauche ich!«

Echte Promi-Helden

Wenn Sie Tag für Tag vor der Kamera stehen und dabei ständig in brennende Gebäude rennen, böse Buben umhauen, sich unter einem Vorwand in thailändische Gefängnisse sperren lassen oder zahllose Menschen retten, wird sich dieses Machogehabe irgendwann auf Ihr wirkliches Leben übertragen. Entweder das oder ein paar Hollywoodstars sind einfach zum Helden geboren. Das belegt diese Liste heroischer Midlife-Promis:

Brad Pitt zog beim Filmfest von Venedig 2008 einen Teenager aus dem Wasser, nachdem der Junge während einer Autogrammstunde von einem Boot gefallen war.

Johnny Depp bewahrte bei den Dreharbeiten zu *Public Enemies* eine Gruppe von Statisten vor schweren Verletzungen. Die sechs Statisten hatten einem auf sie zurasenden Auto den Rücken zugedreht, dessen Stuntfahrer die Kontrolle über den Wagen verloren hatte. Depp hechtete sich auf die Gruppe und stieß sie beiseite, bevor das Auto sie überfuhr.

Arnold Schwarzenegger war der Star in einer echten Rettungsszene auf Hawaii, wo er einen Mann vor dem Ertrinken rettete und ihn auf einem Surfbrett an den Strand transportierte.

Renée Zellweger begab sich selbst in Gefahr, als sie beobachtete, wie eine Fremde zusammenbrach und in einen steilen kalifornischen Canyon abrutschte. Sie rutschte der Frau hinterher und blieb bei ihr, bis Hilfe eintraf.

Vin Diesel zog 2002 nach einem Unfall auf einem Freeway in Hollywood eine ganze Familie aus einem auf dem Dach liegenden Auto. Kaum hatte er die Familie befreit, da ging der Wagen in Flammen auf.

Cuba Gooding Jr. hielt 2007 vor einem Fast-Food-Restaurant in Hollywood, weil dort Schüsse zu hören waren und ein junger Mann heraustaumelte, der sich den Kopf hielt. Gooding stieg aus und versorgte den Verletzten, hielt dann einen vorbeifahrenden Streifenwagen an und blieb bei dem Opfer, bis der Krankenwagen kam.

Jack Osbourne war 2008 auf einem Spaziergang durch London, als er sah, wie einer Frau die Handtasche entrissen wurde. Osbourne trat augenblicklich in Aktion, jagte dem Räuber nach, warf ihn zu Boden und konnte ihn festhalten, bis die Polizei zur Stelle war.

Die wahre Wonder Woman

Wenn Sie die Vorstellung, in Zivilkleidung Heldentaten zu begehen, nicht vom Hocker reißt, dann wird Sie vielleicht diese Geschichte aus New York City inspirieren: Dort patrouillierte eine maskierte Rächerin namens Terrifica durch die Clubs, um angeschickerte Frauen vor skrupellosen Männern zu beschützen.

Ganz in Rot gekleidet und im obligatorischen eng anliegenden Anzug mit Cape, dazu mit einem gut bestückten Gürtel ausstaffiert – in dem sich Lippenstift, Pfefferspray, Handy, eine Zeitschrift und ein Schokoriegel für den Energienachschub fanden, also alles, was ein Citygirl braucht –, bot Terrifica New Yorks allein feiernden Mädchen ihren Schutz an.

»Ich tue das, weil Frauen schwach sind«, erklärte sie der Presse. »Sie lassen sich leicht manipulieren, und sie müssen vor sich selbst und vor allem vor den Männern und ihren unlauteren Absichten beschützt werden.«

Heldenhaft gesprochen. Tagsüber bediente sich Terrifica allerdings wie alle Superhelden einer raffinierten Tarnung: Sie tauchte in die Versenkung und in die Rolle einer dreißigjährigen Büroangestellten namens Sarah ab, die, wie Terrifica verächtlich bemerkte, »eine sehr schwache Frau ist. Sehr hilfsbedürftig und unsicher«.

Im Gegenzug gestand Sarah: »Sobald ich die Maske anziehe, fühle ich mich wirklich stark.« Außerdem bekannte sie, dass sie ihren originellen Nebenjob hauptsächlich gewählt hatte, weil ihr noch gut im Gedächtnis war, wie sie einmal »auf unglaublich brutale und demütigende Art« abserviert wurde.

Zum allerletzten Mal – sehen Sie dem Alter ins Auge! Sie sind endgültig erwachsen geworden, wenn …

1. Ihnen jemand ungefragt beim Einpacken Ihrer Einkäufe hilft.
2. Sie feststellen, dass Sie sich über Regenrinnen und die Vorzüge verschiedener Hausisolierungen ereifern können.
3. Sie nachts schweißgebadet aufwachen und sich fragen, ob Sie die Mülltonne rausgestellt haben.

4. Sie voll auf Antifaltencremes abfahren.

5. Sie zu dem irritierenden Schluss kommen, dass Ihre Eltern recht hatten. In allem.

6. Sie merken, dass auch Sie zu den Spießern gehören, die in Shorts, Socken und Sandalen an den Strand ziehen.

7. Sie in nicht einmal drei Minuten zwei Anzüge, sieben Hemden, sieben Unterhosen, sieben Paar Socken, ein Paar Schuhe und Ihren gefüllten Waschbeutel in den Koffer packen können.

8. Sie monatelang Hanteltraining treiben können, ohne dass sich das an Ihrem Bizeps bemerkbar machen würde – dafür wölben sich seither die Adern auf Ihrem Handrücken umso kraftvoller.

9. Ihnen im Bus ein Sitzplatz angeboten wird.

10. Sie kurz überlegen müssen, bevor Sie Ihre Kinder ansprechen, weil Sie sie nicht mit dem falschen Namen anreden möchten.

11. Ihre Frau am Wochenende etwas von »warmem Öl, heftigem Geruckel und lautem Gequietsche« sagt und Sie ihr versichern, dass Sie den Wagen gleich am Montagmorgen in die Werkstatt bringen.

12. Sie einem Verein beitreten. Und bei der ersten Sitzung zum Schriftführer gewählt werden.

13. Ihre Geschichten mit den Worten »In meiner Jugend« beginnen und so enden: »Das wirst du schon noch begreifen – wenn du mal so alt bist wie ich.«

14. Sie mindestens dreimal Gelegenheit hatten, eine »absolut einmalige Sonderausgabe der größten Hits Ihrer Generation« zu kaufen.

15. Sie feststellen, dass C&A erstaunlich schicke Kleidung führt.

16. Sie sich stundenlang darüber unterhalten können, ob der VW Sharan oder der Ford Galaxy das praktischere Auto ist.

17. Sie sich plötzlich geradezu manisch für den Zustand Ihrer Zähne interessieren.

18. Sie merken, dass es höchste Zeit wird, den großen Roman zu schreiben, der Ihnen seit fünfzehn Jahren im Kopf herumgeht.

19. Sie anfangen, Sätze zu sagen wie: »Hast du was gegessen?« und »Das reicht auf keinen Fall – ich mache dir noch ein Brot.«

20. Sie in den Spiegel sehen und Ihren Vater oder Ihre Mutter darin wiedererkennen.

21. Sie sich nicht mehr hauptsächlich von Ravioli und Fünf-Minuten-Terrinen ernähren.

22. Sie sich heimlich freuen, dass Sie an Silvester nicht mehr bis Mitternacht aufbleiben müssen.

23. Ihnen der Gedanke, sich am Samstagabend mit einem guten Buch ins Bett zu legen, verblüffend gut gefällt.

24. Sie sich wirklich auf die wöchentliche Kartenrunde mit Ihren Kumpeln freuen, bei der Sie bleifrei trinken – Sie sind schließlich mit dem Auto da – und zum Rauchen auf den Balkon gehen.

25. die neuesten Modetrends für Sie verdächtig nach den mottenzerfressenen Jugendklamotten aussehen, die in dem Karton auf Ihrem Speicher liegen.

26. Sie einer Volleyballgruppe beitreten, weil es so gesund ist und weil da so rasend nette Leute mitmachen.

27. Siebzehnjährige und Siebenundzwanzigjährige für Sie ziemlich gleich aussehen: jung.

28. Sie merken, dass Ihre Oma doch recht hatte: Stricken macht *wirklich* Spaß.

29. Sie vor allem Witze darüber reißen, wie uralt Sie sind.

30. Sie heimlich darauf hoffen, dass Sie am Flughafen zur Leibesvisitation mitgenommen werden.

Letztendlich zählen nicht die Jahre im Leben, sondern das Leben in den Jahren.

Abraham Lincoln

Quellenverzeichnis

Bücher

Angell, David und Peter Casey: *The Very Best of Frasier. Fifteen of the Finest Frasier Scripts.* (© Paramount Pictures) Channel 4 Books, London 2001.

Nye, Simon: *The Best of Men Behaving Badly.* (© Hartswood Films Ltd) Headline, London 2000.

Robinson, Bruce: *Withnail and I. The Original Screenplay.* Bloomsbury, London 1989.

Sherrin, Ned (Hrsg.): *The Oxford Dictionary of Humorous Quotations.* Oxford University Press, Oxford 1995.

Tibballs, Geoff (Hrsg.): *The Mammoth Book of Comic Quotes. Over 10,000 Gems of Wit and Wisdom, One-liners and Wisecracks.* Constable & Robinson, London 2004.

Truss, Lynne: *Für dich immer noch Sie Arschloch.* Goldmann Verlag, München 2009.

Zeitungen und Zeitschriften

The Age
Daily Mail
Daily Mirror
Daily Star
Daily Telegraph
The Dominion Post
European Heart Journal
Le Figaro Madame magazine
Guardian
In Touch magazine
The Independent
Los Angeles Times
Metro
New Statesman
New York magazine
The New York Times
OK! magazine
Orange County Register
People magazine
Q magazine
USA Today
Yankee Pot Roast

Blogs und Websites

aarons-jokes.com

ahajokes.com

allgreatquotes.com

amusingquotes.com

anecdotage.com

basicjokes.com

bestweekever.tv

bmezine.com

boloji.com

brainyquote.com

cartoon-links.com

chatna.com

christie.thefreelibrary.com

cinemablend.com

comedycentral.com

comedy-zone.net

cyprus-forum.com

dailyhaha.com

datehookup.com

dictionary-quotes.com

dumbcriminals.com

ebaumsworld.com

en.wikiquote.org

facebook.com

famous-quotes.com

famousquotesandauthors.com

funny2.com

gadzillionthings.net

icelebz.com

imdb.com

jokes.com

jokes.maxabout.com

just-quotes.com

lateshow.cbs.com

longwayround.com

menssexpills.com

momoy.com

nbc.com

notable-quotes.com

politics.sgforums.com

quotationspage.com

quotebox.co.uk

quotegarden.com

quoteland.com

quotelucy.com

quotes.net

quotesdaddy.com

quotesinternet.com

redstripe.com

saidwhat.co.uk

sickipedia.org

studential.com

tantalizing-tattoo.com

twitter.com

thehumorarchives.com

thesimpsonsquotes.com

thinkexist.com

unwind.com

vegsource.com

viv.id.au/blog
wattpad.com
whatquote.com
whatsupmag.com
wisdomquotes.com
worldofquotes.com
yesbutnobutyes.com

Für die deutsche Übersetzung zusätzlich:
Wer-sagt-was.de
Rp-online.de
De.wikiquote.org
mjjackson-forever.com
witze-ueber-witze.de
lachclub-osnabrueck.de
zitate.de

blanvalet

Wenn Männer sich selbst suchen,
finden sie meistens komische Dinge ...

256 Seiten. Originalausgabe
ISBN 978-3-442-37513-4

Lesen Sie mehr unter: **www.blanvalet.de**

Männer und Frauen:
eine göttliche Komödie!

176 Seiten. ISBN 978-3-442-37748-0

Unsere tägliche Krise gib uns heute erzählt den ganz normalen Beziehungswahnsinn zwischen Mann und Frau – sehr persönlich geschrieben von Sky und Mirja du Mont, abwechselnd aus *seiner* und *ihrer* Perspektive. Alle potenziellen Fettnäpfchen, alle Missverständnisse und Kommunikationsfallen in einem Buch: Strategien der Kontaktaufnahme? Die erste gemeinsame Wohnung? Ihre beste Freundin? Das richtige Ambiente für den Heiratsantrag? Telefonische Rituale? Soziale Umgangsarten? Auto fahren? Was gucken wir im Fernsehen? Genießen Sie diese Homestory der besonderen Art. Mit sehr hohem Identifikationspotenzial!

Lesen Sie mehr unter: **www.blanvalet.de**